अच्छे दिन

(कहानी-संग्रह)

अरुणोदय प्रकाशन

21-ए, अंसारी रोड, दरियागंज, नई दिल्ली-110002

अच्छे दिन

केशव दुबे

वाणी प्रकाशन की सहयोगी संस्था
अरुणोदय प्रकाशन के लिए प्रकाशित

ISBN: 81-88473-50-2

अरुणोदय प्रकाशन
21-ए, दरियागंज, नयी दिल्ली-110002
द्वारा प्रकाशित

मूल्य : 150.00

आवरण : वाणी चित्रांकन

प्रथम संस्करण : 1981
द्वितीय संस्करण : 2007

जैना ऑफसेट, शाहदरा दिल्ली-110032
द्वारा मुद्रित

ACHCHHE DIN
(Collection of Stories)
***by* Keshav Dube**

अनुक्रम

प्रेम-पत्र

वे फिर सामने खड़ी चपरासिन को घूरने लगीं। उनकी आँखों से उछले प्रश्न को समेटती बुढ़िया ने दोहराया, "हाँ बाई सा, यह चिट्ठी चौदह नंबर की खिड़की के पास मिली, और यह पत्थर भी लिपटा था। सुबह मैं लाइट बुझाने गयी तभी..."

स्मृति को कुरेदते हुए उन्हें याद आया, कि यह चौथा केस है, पिछले दो वर्षों में। आखिर कमजोरी कहाँ है? उनकी जैसी हॉस्टल-सुपरिंटेंडेंट, इतना स्वच्छ वातावरण, चारदीवारी को लपेटता कठोर अनुशासन, मानसिक विकास के लक्ष्य—सभी निरर्थक बातें हैं। सिद्धांतों के तुड़े-मुड़े जाल को बैठकर सुलझाना ही हाथ रहता है। और यह नई पीढ़ी भला शीर्षकों और परिभाषाओं में बँधी है? पिछले समर-सेमिनार में कुछ ऐसे ही प्रश्न उठे थे, और अब उससे पिछले...। और लो, अब सिर मारो बैठकर, चौदह नंबर की सुनंदा का मामला है। विश्वास तो नहीं होता—यह नाइंथ क्लास की बुटरी-सी छोकरी, प्रेम के चक्कर में पड़ सकती है!

"पढ़ाई में तेज, दूसरी पोजीशन...." लड़की का रेकार्ड सामने था—और उन्हें वह नहीं मिल रहा था, जो वे खोज रही थीं..."सामाजिक अध्ययन, सामान्य ज्ञान में विशेष योग्यता...ऐच्छिक विषय बागवानी, गणित में रुचि...भाषा कमजोर..."

...तो यह 'भाषा कमजोर' वाली सुनंदा किसी दूसरे ही शब्दकोश में गोते लगा रही है? ठीक है, आज रात आठ बजे सुनंदा को बुलाया जाएगा—उनका हाथ घंटी की ओर बढ़ा।

सामने पत्र के अक्षरों को धुँधलाती स्मृति न जाने कितने अतीत में खो गयी...पीछे मुड़कर देखना दुःस्वप्न है, जिसकी कल्पना उन्हें सिहरा देती है... उनका प्रेम-विवाह, तलाक, खिंचती हुई दूरियाँ...और जैसे एक झटके से उन्होंने सारे गलते हुए संबंधों को छिटक दिया था।

अब तो मास्टरी है, और वर्तमान को लपेटे रहनें का अभिनय। मोटे चश्मे को पोंछकर फिर चढ़ा लिया, पीछे घूमती दृष्टि काँच में सिमट आयी।

ये लड़कियाँ जानती भी हैं, प्रेम का अर्थ? और यह तो पिक्चर वगैरह की भी शौकीन नहीं! पिता दूर कस्बे में मजिस्ट्रेट हैं, घर का वातावरण भी निर्मल होगा। फिर इतना अच्छा शिक्षण-संस्थान और उनका नियंत्रण। इस लड़की का मनोविश्लेषण रोचक होगा। पत्र वैसे ही पड़ा था—और डोर में लिपटा पत्थर भी... कितना पुराना तरीका है! पत्र में

भी वही घिसे रेकार्ड पर घूमती सूई—"प्रिय सुनंदा, मैं तुम्हारे लिए आसमान के..."

भला यह लड़की सीधे पूछने से सब उगल देगी? उन्हें मानसिक रूप से तैयार करना पड़ेगा!...वे अपनी कुर्सी पर धँसी रहेंगी! सामने मेज से दूर बिना हत्थे की कुर्सी पर सुनंदा बैठेगी!...टेबुल-लैंप की रोशनी उसके चेहरे पर होगी। पिछले प्रत्येक 'केस' में लड़कियाँ उनके सामने फूट-फूटकर रो दी थीं।...इस बार पानी का गिलास मेज पर रहेगा। जैसे ही हिचकियाँ प्रारंभ होंगी, वे कॉफी का पानी चढ़ा देंगी। एक बार बिखर जाने के बाद गुत्थियाँ सुलझती जाती हैं!...उस समय कॉफी बनाने में व्यस्त रहना, लड़की के मानस-प्रवाह में अवरोध नहीं डालेगा...। उनकी दृष्टि पुनः पूरी योजना पर दौड़ गयी।... उन्होंने सुनंदा को बुला भेजा।

...सब कुछ व्यवस्था और क्रम से हो रहा था। सुनंदा उसी तरह मेज पर कोहनी टिकाने में असफल, दूर कुर्सी पर हाथ लटकाये बैठी थी। चश्मे की मोटाई घुल चुकी थी और तीखी आँखें उसे बेध रही थीं।

उन्होंने प्रारंभ किया, "बोलो बेटी, यह कहाँ तक उचित है? हम तो सोचते थे, अगले वर्ष मेरिट-पोजीशन वाली लड़की, स्कूल को मिली है; और छिः...ऐसा गंदा काम?...खैर, तुमसे गलती हो गयी है न?"

...न सुनंदा की गर्दन झुकी, न ही वह हथेलियाँ मसल रही थी। उसके पास रूमाल था, परंतु उँगलियों में मरोड़ा हुआ नहीं—करीने से प्रेस किया, हथेली में दबा।...'टफ' केस दिखता है।

वे बोलीं—"खैर, प्रिंसिपल को रिपोर्ट जाएगी! दूसरी लड़कियों पर गलत प्रभाव पड़ता है! तुम्हें हॉस्टल से निकालने का अफसोस रहेगा मुझे! इस स्कूल का स्टैंडर्ड तुम जानती हो...और फिर तुम्हारे पिताजी को भी बतलाना होगा!"

सुनंदा मानो बुत बनी बैठी थी! ...बात क्या है? यह लड़की बोलती क्यों नहीं? मामला आगे तो नहीं बढ़ गया?...नहीं, नहीं, उनके अनुशासन में संभव नहीं। फिर वे तो फौरन त्याग-पत्र दे देंगी...यदि 'कुछ' हो गया तो।

..."मैं अंतिम बार पूछती हूँ सुनंदा," उनके स्वर की नर्मी घुल चुकी थी, "यह कौन लड़का है? तुम्हें कितनी चिट्ठियाँ लिखीं, तुमने कितनों के उत्तर दिए, कब और कैसे पहचान हुई...सब सच-सच बतलाना होगा तुम्हें!"

सुनंदा की बड़ी-बड़ी आँखों ने अपना विश्वास टिका दिया उन पर, "जी मैडम, सच कहती हूँ, कुछ नहीं छुपाऊँगी..."

"बोलो, बोलो, बेटे! शाबास!" उन्हें लगा, अब वह आँसुओं के साथ पिघलने वाली है।

"जी, वह दूसरे स्कूल में पढ़ता है! पिछले साल से चिट्ठियाँ लिख रहा है। अब तक आठ हो गयी हैं...उससे बात नहीं हुई...मैंने एक भी नहीं लिखी..."

लड़कियों में प्रसिद्ध था, कि वे आँखों से ही सब कुछ खींच लेती हैं।...बाँध में दरार हो गयी है...एक झटका और...। जोर से चीखीं वे—"झूठ बोलती हो तुम,

तुमने अभी तक हमें क्यों नहीं खबर दी?"

सुनंदा की मुख-मुद्रा पर अव्यक्त सा कुछ तैर रहा है—परंतु है कौन-सी मुश्किल?...उन्होंने तप्त लोहे पर प्रहार किया—

"तो वह बेवकूफ है लड़का, जो साल-भर से तुम्हें लिख रहा है? और तुमने एक भी उत्तर नहीं दिया?...बोलो, चुप क्यों हो?"

सुनंदा घबराहट और शर्म में डूब रही थी।...अब 'कनफेसन' निकट ही लगता है...वे फिर बोलीं—

"सुनंदा! उसके पुराने पत्र कहाँ हैं? कहोगी, कि जला दिए...बहाना नहीं चलेगा।"

"जी, वो पत्र सँभालकर रखे हैं!"

अजीब लड़की है!

"...तो तुम उसे चाहती होगी? है न?"

"जी, ऐसी कोई बात नहीं, मैडम..."

व्यवस्थित प्रक्रिया का क्रम भंग हो रहा है, वे पकड़ नहीं पा रहीं। लड़की उत्तेजित हो जाए, या फिर रो ही दे, तो आत्मस्वीकृति आसान हो जाए! उनका स्वर एकदम तेज हो गया, "शट-अप; बित्ते-भर की छोकरी, मुझे सिखाती है!"

"बदमाश..." वे रुककर बोलीं, "जाओ, सब पत्र लेकर आओ..."

सुनंदा फर्श को पैर के अँगूठे से घिस रही थी।

"जाओ!" उन्हें अपनी चीख पर आश्चर्य हुआ। वह झटके से उठकर निकल गयी।

सेकेंड का काँटा घूम रहा था।

सुनंदा लौटी, हाथ में एलबम लिये, और उसे मेज पर खिसका दिया। ...वाह, नया फैशन है , प्रेम-पत्र रखने का ! जरूर फोटो भी होंगे। सुनंदा अब तर्जनी में साड़ी का छोर लपेट रही थी...यहाँ से तो शुरू होना चाहिए था, उनकी दृष्टि मेज के गिलास, कॉफी-पॉट और एलबम से फिसलती, लड़की के चेहरे पर सिमट आयी। एक आत्मसंतोष की मुस्कान ओढ़ते हुए, उन्होंने पहला पृष्ठ खोला। वहाँ एक झबरे बाल वाले कुत्ते का सुंदर चित्र था। दूसरे पृष्ठ पर तितली के पंख टुचे थे, पिन किए हुए और 'विद्या' रखी थी—एक वृक्ष की पत्ती, जिसे रखने से बुद्धि तीव्र होती है। तीसरे से काफी आगे तक सारे प्रेम-पत्र जमे थे—सजाकर, पिन से अटैच किए हुए।

सुनंदा ने प्रत्येक पत्र को मास्टर की तरह जाँचा था। जगह-जगह भाषा की गलतियाँ मार्क की गयी थीं। गोले, कट-पिट, टिक-मार्क और प्रश्नवाचक चिह्नों के साथ।...'अद्वितीय उत्तम,...भाषा सुधारो,...अक्षर खराब,...निकृष्ट...' आदि रिमार्क दिए गए थे; और हाशिये पर प्राप्तांक लिखे थे—तीन बटे दस...सात बटे दस...शून्य बटे दस...और नीचे..."सु उ उ उ...ऽऽ नंदा"—खूब लंबे खिंचे हस्ताक्षर।

उन्होंने सिर थाम लिया दोनों हाथों से।—लगा वे पसीने में नहा जाएँगी! ...बाप रे! ...इतने बड़े पहाड़ में...चुहिया? जब सुनंदा चली गयी, तो चश्मा उतारकर वे एक

साँस में पानी का पूरा गिलास गटक गयीं। हे भगवान! एक उन्होंने प्रेम किया था, और एक यह है...! इन छोकरियों के लिए बिल्कुल ही नया मनोविज्ञान बनाना पड़ेगा क्या?

गहरी साँस छोड़ते हुए उन्होंने ट्रे में रखा मिल्क-पॉट और दूध देखा...। अब दो कप कॉफी वे खुद पिएँगी। ज्यादा दूध की...पर एकदम स्ट्रांग।

उनकी हथेली माथे पर थी, और कोहनी 'प्रेम-पत्रों' पर टिकी थी।

कानून

"पकड़ो...पकड़ो..."

"लेना...उधर से..."

"किधर गया?"

"देखना, बचने न पाये..."

शांत निस्तब्ध वातावरण में कुछ आवाजें गूँज गयीं! बूटों की धम-धम और शोरगुल बढ़ता जा रहा था। इस लंबे-चौड़े प्लेटफार्म का एक कोना सजीव हो उठा था।

लोग ऊँघते-से चौंक पड़े। हाल्टिंग-पैसेंजर लगे करीब आधा घंटा हो चुका था। जाने वाले पुल पार कर चुके थे। बाकी, दिसंबर की कड़कड़ाती ठंड में सिकुड़े-सिमटे से, इधर-उधर दुबके पड़े थे। पाँच नंबर के इस प्लेटफार्म पर लगने वाली यह आखिरी गाड़ी थी, जो आदत से मजबूर, कुछ लेट हो गयी थी। अब रात के दो बजे से सुबह तक कोई दूसरी ट्रेन नहीं थी।

शोर मचते ही कुछ हलचल हुई। बेंचों और खुले फर्श पर डले बिस्तरों में कुछ लोग उठ कर बैठ गए। ढकी-ढुपी कुछ गठरियाँ हिलीं, और आँखें मिचमिचाते चेहरे उभर आये। टी-स्टाल की बुझती भट्ठी को घेर कर बैठा एक जत्था भी इधर ही दौड़ने लगा।

सारी दौड़-धूप का केंद्र था, एक बारह-तेरह साल का लड़का। बिना टिकट था। ट्रेन रुकने के बहुत देर बाद उतरकर हमेशा की तरह हाथ झुलाते बागे बढ़ा था। इसी तरह प्लेटफार्म के दूसरे छोर से बाहर निकल जाता, मगर आज टी॰ सी॰ को गच्चा देने में असफल रहा। जैसे ही पुकारकर उसे बुलाया गया, वह दौड़ पड़ा। टी॰ सी॰ उसके पीछे था, और वह बेतहाशा भागता जा रहा था। घबरा गया था, शायद ज्यादा अभ्यस्त नहीं रहा होगा। या फिर उम्मीद न होगी उसे, कि उसकी तरफ इतना ध्यान दिया जाएगा। आवाजें सुनकर टी-स्टाल के पास बेंच पर ऊँघता एक सिपाही चौकन्ना होकर इधर-उधर देखने लगा। फिर उठकर उस लड़के की तरफ दौड़ पड़ा।

लड़का घिर गया था। एक ओर टी॰ सी॰ बाबू और दूसरी तरफ से सिपाही। वह बुरी तरह नर्वस हो गया। आगे आने वाले परिणाम की कल्पना उसकी आँखों के सामने नाच गयो। बिना सोचे-समझे वह उस खाली पड़ी ट्रेन के एक डिब्बे में जा घुसा।

अँधेरे में टटोलकर संडास की चिटकनी खोली और भीतर घुसकर जोरदार धमाके से दरवाजा बंद कर लिया। भीतर से चिटकनी लगाकर एक कोने से लगकर हाँफने लगा।

तब तक दौड़ता हुआ टी० सी० और वह सिपाही आ गया था। दोनों की साँस भर आयी थी। टी० सी० ने टाई की नॉट ढीली करके गर्दन पर चिपचिपा रहे पसीने को पोंछा और सिपाही ने मोटे बरान-कोट के लबादे को उतारकर हाथ में ले लिया। दोनों ने उसे छिपते देख लिया था।

पूरे वातावरण में हल्की-सी उत्तेजनात्मक सुरसुरी फैल गयी। कुछ तमाशाई डिब्बे के पास खिंच आये। आंतरिक उत्सुकता के बावजूद कुछ लोग 'हमें क्या लेना-देना' वाली मुद्रा में तटस्थता ओढ़े, अपनी-अपनी जगहों पर बैठ गये। चायवाला, अपने मरियल कुत्ते के साथ, सिगड़ी तापने का मोह छोड़कर आ गया था।

...अब?

यह प्रश्न कुछ क्षणों तक अनुत्तरित रहा। सिपाही और बाबू की नजरें टकरायीं। सिपाही डिब्बे में घुसा, और बंद दरवाजे पर जोर से हथेली की थाप मारकर बोला, "दरवाजा खोल बे..."

भीतर शायद साँस लेने की हल्की-सी फुसफुसाहट रही होगी, जो बाहर हरगिज सुनाई नहीं पड़ रही थी।

धम्...धम्...धम्...दरवाजा पीटने की आवाजें बढ़ती गयीं। कुछ और लोग डिब्बे में आ गए थे।

"खोल दे..."

"बाहर निकल आ..."

"अबे सुनता है या नहीं...?" भड़-भड़...भीतर पूर्ण शांति थी, कोई जवाब नहीं।

बाहर चहल-पहल बढ़ रही थी।

"क्या है? क्या हुआ?"

"पाकिटमार?...चोर?"

"नहीं...डब्ल्यू० टी०...देखा, पट्ठा कैसी जगह छुपा है...!"

किसी को जल्दी नहीं थी। सब प्रयास किये जा चुके थे। धमकाकर, फुसला कर, पुचकारकर, लालच देकर देख लिया, मगर भीतर से कोई प्रतिक्रिया नहीं हुई।

भीड़ में से कोई बोला, "दरवाजा तोड़कर निकाल लो!"

सिपाही की गर्दन यंत्रवत् मुड़ गयी, "कौन लाट-साहब है ये, दरवाजा तोड़ने वाला?"

सबको साँप सूँघ गया। सिपाही का चेहरा कठोर हो गया था, पत्थर की तरह। वह निश्चयात्मक ढंग से बोला, "मुजरिम को छोड़ा नहीं जा सकता।"

फिर नये सिरे से प्रयास शुरू हुए। समस्या के नये-नये समाधान दिए जा रहे थे।

"आगे की तरफ धक्का दे के खींचो, चिटकनी अपने-आप खुल जाएगी।"

"भीड़ हटा दो, कोई छुपकर इधर ही बैठ जाओ...पड़ा रहने दो...कभी तो निकलेगा...!"

"बाहरी खिड़की की रौड हुमसाकर...काँच फोड़कर..."

और तभी एक अति उत्साही सुझाव आया, "अरे सुनो, ये खिड़की की काँच ऊपर जगह से टूटी है ना, वहाँ से पाइप डालकर पानी भरो, आप ही बाहर आएगा।"

सबकी निगाहें डिब्बे क़ी छत के पास लटकती, हौज-पाइप की ओवरहैंड-टेपिंग की तरफ उठ गयीं। दूसरे किसी डिब्बे की छत पर चढ़ा पोर्टर पाइप से धुलाई कर रहा था।

टी॰ सी॰ बाबू ने सिपाही को देखा। समर्थन में काफी स्वर उभरे।

"नहीं जी, मेरा खयाल है..." बस एक जोशीला प्रतिवाद हुआ।

सिपाही ने पैनी नजरें गड़ाकर कहने वाले की तरफ ताका, "क्या खयाल है आपका?"

"कि...कि...चल कर सोया जाए...! हमें क्या मतलब...? कितनी ठंड है...!"

और कहने वाला मुड़कर चला गया। इतनी तेज ठंड में, इस खुले, आखिरी प्लेटफार्म पर हवा के तेज थपेड़े चल रहे थे। ऐसे में बर्फ जैसे ठंडे पानी की धार उस अधनंगे छोकरे पर पड़ने की कल्पना से सबको रोमांच हो आया। पोर्टर को आवाज देकर बुलाया गया। तरकीब सुनकर वह हँसा। मजे में उसने रबर का पाइप खिड़की से भीतर डाला, और वाल्व खोल दिया। पानी की धार बह चली। पहले धीरे-धीरे, फिर पूरी तीव्रता से।

सबके कान दरवाजे पर लगे थे। भीतर धमा-चौकड़ी हो रही थी। खटर-पटर की ध्वनि बढ़ती जा रही थी। शायद छोरा पानी की धार से बचने के लिए कूदफाँद कर रहा होगा।

"...खोलता ही है...अब निकलेगा बेट्टा...जाएगा कहाँ...?"

दरवाजे पर जोर-जोर से थाप पड़ने लगी। उत्तेजना का चरम क्षण था। कुछ और लोग बिस्तरों का मोह त्याग कर इधर आते जा रहे थे।

आखिर भीतर की चिटकनी बजी। कुछ क्षणों की शांति...फिर दरवाजा खोल कर वह लड़का बाहर निकला...पत्ते की तरह थर-थर काँपता, सिर से पैर तक पानी से तर, दोनों कोहनियाँ और हथेली, कान के पास चिपकाये, गर्दन दबाये, जैसे हमेशा से मार खाने का आदी रहा हो। वह सिर्फ़ एक फटा चिथड़ा पैंट और मैली बनियान पहने था। दाँतों की पंक्ति एक के ऊपर एक इस तरह जकड़ी थी, कि शायद रोना चाह कर भी नहीं रो पा रहा था। उसे खींचकर प्लेटफार्म पर लाया गया। रोकते-रोकते एक-दो चाँटे उस पर पड़ चुके थे। वह उसी तरह थरथराते, उकड़ूँ बैठ गया, और गर्दन घुटनों में चिपका ली। अब भी वह बुरी तरह काँप रहा था। पोर्टर ऊपर का पानी बंद करके उतर आया। बैठे-बैठे वह लड़का बड़े जोर से लहराया, और गिरकर बेहोश हो गया।

यह क्या हुआ...? सब स्तब्ध खड़े रह गए। इस तरह सन्नाटा छा गया, कि सचमुच सूई गिरने की आवाज सुनी जा सकती थी। अब भीड़ धीरे-धीरे खिसक रही थी। काफी लोग दूसरे प्लेटफार्म की ओर जा रहे थे। कुछ दूर जाकर अपने मफलर वगैरह अच्छी तरह लपेट रहे थे। उभरे हुए सिर कम्बलों और चादरों में छुप गए, कुछ खर्राटे भी शुरू हो चुके थे। चाय वाला सिगड़ी सुलगाने में व्यस्त हो गया।

सिपाही ने चुपचाप हाथ में रखा अपना ओवर-कोट फैलाया, और उस लड़के को ओढ़ा दिया। धीरे से वह बोला, "यह तो गैर-कानूनी बात हो गयी।"

टी॰ सी॰ भी ऐसी ठंड में पसीना पोंछते बोला, "डॉक्टर को खबर भिजवाओ, छोकरा मर गया तो?"

"वह तो ठीक है, अभी लेने के देने पड़ जाएँगे। न पानी डालते न ये होता।"

टी॰ सी॰ बौखला गया, "कहा किसने था पानी डालने को? पानी का वाल्व तो तुमने खोला था न?" उसने पोर्टर की तरफ देखा।

पोर्टर बोला, "हाँ, जैसा तुमने कहा था बाबू साहब, वैसा हमने किया।"

टी॰ सी॰ घबरा गया, "मैं क्यों कहूँगा?"

सिपाही बोला, "कुछ भी हो, तुम्हें पानी खोलने से पहले सोचना था।"

पोर्टर तमककर बोला, "वाह जी हमें क्या मालूम? हम तो डिब्बे की धुलाई करते ही हैं। इधर कुछ 'लफड़ा' था, तो तुम्हें बताना था।"

"मगर जवाबदारी तुम्हारी है।"

"हमें न चराओ मुंशी जी, हम भी रेलबई के मुलाजिम हैं। तुम जानो, तुम्हारा काम जाने। हमें पूरी गाड़ी साफ करना है, हम ये चले।" और वह चल पड़ा।

टी॰ सी॰ ने सिपाही की ओर आग्नेय दृष्टि से देखा, "तुमने मारा क्यों आखिर?"

"वह चाँटे से नहीं, ठंड से बेहोश हुआ है।"

"नहीं, डर के मारे हुआ है।"

"डराया किसने, तुमने!"

"मैं डराऊँगा? बिना टिकट को पकड़ना गुनाह है? मुंशी जी, वह तुमसे...तुमसे डरा है।"

सिपाही चीख पड़ा, "आप सरासर मुझे फँसा रहे हो। आपने नहीं कहा था...दौड़ो...पकड़ो...? आपकी मदद करना हमारा फर्ज है।"

"वाह, आप जैसे मेरा हुक्म मानते हो! कानूनन आपकी जवाबदारी है।"

"ज्यादा होशियार मत बनो बाबू साहब! वह आपकी कस्टडी में था। अभी उस पर पेनाल्टी कहाँ ठुकी है? अभी चार्ज-शीट कहाँ दी है? जब आप चार्ज-शीट के साथ मुझे सौंपते, तब मेरी जवाबदारी होती। जनाब, छोकरा मर गया, तो हथकड़ियाँ पड़ जाएँगी, जेरे दफा..."

"मुझे कानून सिखाते हो?" बाबू चिल्लाया, "मैं निपट लूँगा। चलो एस॰ एम॰ के पास...। बुलाओ डाक्टर..."

सिपाही दूनी आवाज में गरजा, "चुप रहो। फँसोगे, तब पता चलेगा।" दोनों कड़कती ठंड में भी पसीने से नहा गए थे।

अचानक ओवरकोट हिला। एक झटके से वह छोकरा उठा, और पूरी ताकत से उसने एक ओर दौड़ लगा दी। डिब्बों के किनारे-किनारे वह जान छोड़कर भागा, और गाड़ी के छोर तक पहुँचकर, बिना सोचे-समझे प्लेटफार्म से छलाँग लगा दी। पटरी पर दो-तीन कुलाटें खाकर फिर दौड़ा, और आँख से ओझल हो गया।

टी॰ सी॰ बाबू और सिपाही दोनों बिना एक भी शब्द बोले और हिले-डुले उसे भागते देखते रहे। चाहे जितना कम अरसा गुजरा हो, मगर दोनों को लगा, जैसे एक लम्बा युग बीत गया है। बाबू ने हौले से अपनी टाई की नॉट कसी। सिर से खिसक आया गुलूबंद ठीक किया।

सिपाही ने अपना ओवरकोट उठाया। झटकारा। तह करके कंधे पर डाल लिया। दोनों ने नजरें मिलाने की बिलकुल कोशिश नहीं की। चुपचाप अलग-अलग दिशाओं में दोनों धीरे-धीरे चले गए।

थोड़ी देर बाद दोनों टी-स्टाल पर खड़े थे। टी॰ सी॰ फूँक-फूँक कर कप से, छोटे-छोटे घूँट खींचकर जीभ को चारों ओर घुमा रहा था। सिपाही ने प्लेट में बहुत-सी चाय डालकर सुड़कते हुए कहा, "बड़े बाबू, आप बुरा तो नहीं मान गए? माफ करना, हमें कानून से चलना पड़ता है।"

टी॰ सी॰ ठहाका मारकर हँस दिया, "छोड़ो यार, इसमें बुरा मानने की क्या बात? सभी अपनी-अपनी ड्यूटी से बँधे हैं।"

नायिका

स्कूल का सालाना जलसा हमेशा की तरह इस साल भी धूमधाम से मनाया जाना था। इस छोटी-सी बस्ती का बहुत पुराना हाई स्कूल था यह तैयारियाँ काफी पहले से शुरू हो गयी थीं। बहुत सारे कार्यक्रम शिक्षक होने के नाते मेरे जिम्मे सौंप दिये गये थे। यहाँ का वातावरण काफी कुछ नया था मेरे लिए, क्योंकि इसी साल बदलकर मैं इस स्कूल में आया था।

ऐसे प्रोग्रामों में, छोटे शहर के ऐसे स्कूलों में सबसे ज्यादा बड़ी बाधा रहती है—पैसा। अलग से कोई सहायता जैसी बात तो थी नहीं। जो कुछ होना था चंदे की रकम से होना था। चंदे की अपनी सीमा थी। प्रिंसिपल साहब एक सीधे से वृद्ध सज्जन थे, जो इसी बरस रिटायर होकर जा रहे थे, बात-बात में कहते रहते थे, "भाई, चार महीने और कट जाएँ...बस!" उनसे कोई व्यवस्था होने की आशा नहीं थी।

जो कुछ था, बस लड़कों का उत्साह था। लड़के ही फंक्शन को सफल बनाने के लिए जी-जान से जुटे थे। पहले तो बड़े-बड़े प्रोग्राम बने। आसमान के कुलाबे मिलाये गये। मगर हवा भरा हिरन, कहाँ तक चौकड़ी मारता? पहले तय हुआ, एक प्रसिद्ध प्लेबैक-गायक को बुलाया जाएगा। 'भूतो न भविष्यतो...' वाले उद्घोष का झंडा गड़ाया जाएगा। फिर ऐवरेस्ट जैसे शिखर से योजनाएँ नीचे लुढ़कती गयीं। कहीं कोई नृत्यांगाना की बात चली, कहीं आरकेस्ट्रा-पार्टी की, कहीं बंबई-पार्टी की...रुपयों की टेक तो थी नहीं। अंत में जैसा स्कूलों में होता है, तय किया गया कि सिर्फ 'स्थानीय प्रतिभाओं' को प्रोत्साहन दिया जाए।

अब एक ऐतिहासिक 'महान' नाटक स्टेज करने का निर्णय लिया गया। तीन घंटे का एक ही नाटक। कई अंक, कई पात्र-पात्रियाँ और कई सहायक। विद्यार्थियों का उत्साह आसमान छूने लगा। पूरे स्कूल को दुल्हन की तरह सजाया जाने लगा। दुनिया भर की समितियाँ बन गयीं—स्टेज-समिति, पुरस्कार-समिति, स्वागत-समिति, ड्रामा-समिति, व्यवस्था-समिति...वगैरा। निमंत्रण-पत्र बँट गये। नाटक के लिए स्टेज, वेशभूषा, माइक, परदा, रिहर्सल, सजावट वगैरा का काम जोरों से चलने लगा। ऐसा लगने लगा, कि सालाना जलसा इस साल पिछली सफलताओं के सारे रिकार्ड तोड़ देगा।

सारी तैयारियों का काम ज़ोरों से चल रहा था, तभी एक दिन अचानक एक बहुत बड़ी समस्या उठ खड़ी हुई। अचा्नक विस्फोट-सा हो गया। नाटक में काम करने वाले सारे पात्रों ने एकदम ही घोषणा कर दी, "अगर इस ड्रामे में राधा रहेगी, तो हम लोग काम नहीं करेंगे। इस बारे में कोई बातचीत नहीं, कोई समझौता नहीं—बस।"

स्कूल में हड़कंप-सा फैल गया। प्रोग्राम का समय नजदीक आ गया था। तैयारियाँ पूरी थीं, और यह कैसा बेतुका धमाका? प्रिंसिपल साहब चिंता में पड़कर बोले, "कुछ करो भाई! सोचता था, इस बरस का जलसा अच्छे से निपटता, फिर तो मुझे रिटायर होना है। निमंत्रण-पत्र बँट गये हैं, कुछ रास्ता निकालो।"

रास्ता तो खोजना ही था। सबसे पहले मैंने उन सबको बुलाया जो ड्रामे में काम कर रहे थे। राधा के अलावा सब आये। वे कुछ सुनने को तैयार नहीं थे। सबका एक ही कहना था, "राधा रहेगी, तो यह ड्रामा नहीं होगा।" उस लंबे नाटक में तीन और लड़कियाँ थीं। उन सबने एक आवाज में कहा, "राधा नहीं चाहिए। राधा रहेगी, तो हम सब हट जाएँगे।" मैंने पूछने की बहुत कोशिश की, मगर सब चुप थे।

मैंने उन्हें उत्तेजित किया, "वह क्यों नहीं होना? वह भी स्कूल में पढ़ती है। तुम लोग उसका नाम लेकर सब पर पानी फेरना चाहते हो। इसी दम पर काम शुरू किया था? क्या उसे हक नहीं कि वह प्रोग्राम में हिस्सा ले?"

कुछ देर कमरे में शांति रही। सबके चेहरे तमतमाए हुए थे। एक लड़के ने धीरे से कुछ कहा। फिर दूसरा बोला...फिर तीसरा...चौथा...ताँता बँध गया। ऐसा कोई भी नहीं था, जिसे राधा से शिकायत नहीं थी। सारी शिकायतों का एक ही मतलब...राधा बद्तमीज है...चिड़चिड़ी है...किसी से उसकी पटती नहीं...कोई उसका दोस्त नहीं...लड़ने, अपमान करने, मजाक उड़ाने में सबसे आगे है। बाहर तो सबको नीचा दिखाती है, और पिछले बरस स्टेज पर आते ही न जाने क्यों एकदम गूँगी हो गयी थी। एक शब्द नहीं बोल पायी थी।

एक लड़का बोला, "पिछले बरस ड्रामे के बीच में अपना डायलॉग भूलकर वह बुत बनी खड़ी रही थी। सैकड़ों आदमियों के शोर से हंगामा मच गया। मजाल, जो राधा टस से मस होती। ऐसी मूर्ति बनी खड़ी रही, जैसे पत्थर की हो गयी हो। तालियाँ....सीटियाँ...हूटिंग...के बाद बीच ड्रामा में परदा गिराना पड़ा। मगर मजाल, जो अपनी गलती मान ले।"

कुछ और लड़के भी बोले। इस बरस भी वही हाल था। रिहर्सल में न जाने कितनी बार लड़ चुकी थी। एक लड़के को चाँटा मारने दौड़ी थी... बीचबचाव न होता तो हंगामा हो जाता। सबने एक स्वर में कहा, कि राधा को नाटक से न निकाला गया, तो यह ड्रामा नहीं होगा।

समस्या सचमुच टेढ़ी थी। समझौते की गुंजाइश नहीं थी। राधा के व्यवहार से सब चिढ़े थे। मैंने सबको शांत करके विदा किया, और राधा को बुला भेजा।

वह नहीं आयी। फिर कोशिश की गयी। बड़ी मुश्किल से वह आने को तैयार हुई।

वह स्टाफ-रूम में सीधी धड़धड़ाती हुई घुसी, और पाँव पटककर चीखी, "क्या है ?...आप क्या चाहते हो? देखूँ, कैसे हटाते हो आप? नये-नये आये हो मास्टर साहब, लड़कों की बदमाशी आपको मालूम है? मैं समझती हूँ..."

मैं उसे देखता ही रह गया। जैसा व्यवहार था, वैसी ही शक्लसूरत और वैसी ही फूहड़ता। चेचक के दाग भरा साँवला, बदसूरत चेहरा, आँखों से टपकती अवज्ञा। मैंने बैठने को कहा, मगर वह पैर पटकती बोली, "आप धोखे में मत रहिए, मुझे निकालना सरल नहीं। आप खुद लड़कों का फेवर कर रहे हैं।" वह सिसकियाँ भरने लगी। मुझे कुछ कठोर होना पड़ा, "देखो राधा, हटाने को तो जरूरत पड़ने पर, स्कूल से भी हटाया जाता है। मैं तो असल में कोई सही कारण जानना चाहता था...खैर! बैठो।...किस क्लास में हो? तुम्हारे सबजेक्ट्स क्या हैं...? क्या करते हैं तुम्हारे फादर?...जरा शांत होकर तरीके से बात करो, तो समस्या का हल निकले!"

उसे जैसे करंट-सा लग गया, "आप...? आप भी दूसरों की तरह जलील करने पर उतर आये?...सुनो मास्टर जी, सब जानना चाहते हो?...मैं दसवीं में दो बार फेल हुई हूँ...पता तो चल ही गया होगा, मेरा बाप सात बरस की सजा काट रहा है।. ..चाचा मुझे अनाथों की तरह रखता है...मेरे पास अच्छे कपड़े नहीं...अच्छी ड्रेस नहीं. ..चेहरा बदशक्ल है...लड़कियाँ बगल में नहीं बिठालतीं...मैनर्स नहीं हैं... किताब चुराने पर जुर्माना हुआ था...और...और कहने वालों ने बता दिया होगा, कि मेरी माँ घर छोड़कर कहाँ चली गयी है...अब क्या करती है...और कुछ बताऊँ?"

वह गुस्से में तमतमा रही थी। कुछ देर मुझे घूरकर बोली, "...और आप सबकी तरफ ही बोलेंगे ना...सब बदमाश हैं...जानबूझकर मेरे खिलाफ, पीठ पीछे कहते हैं...सामने आएँ, तो बताऊँ...!"

मैं धीरे से उठ खड़ा हुआ और शांत स्वर में बोला, "तुम्हें जो कहना था, कह चुकीं?...फिलहाल तुम्हारी जिद में प्रोग्राम नहीं बिगाड़ा जा सकता...स्कूल की एक मर्यादा होती है। तुम्हारा पार्ट दूसरी लड़की को दिया जा रहा है।...स्क्रिप्ट वापस कर दो...अब तुम जा सकती हो।"

वह थरथराते हुए उठी और चीखी, "थैंक-यू।" जोर-जोर से पैर पटकती हुई एक झटके में वह बाहर निकल गयी।

सारे विद्यार्थी उसके अलग होने की खबर से मारे खुशी के नाच उठे। दुगने उत्साह से रिहर्सलें होने लगीं। उसका पार्ट एक दूसरी लड़की को दिया गया। पहले तो वह उसके डर से इनकार कर गयी, पर काफी समझाने-बुझाने पर ही राजी हुई। फिर भी झिझकते हुए बोली, "मैं यह पार्ट ले तो रही हूँ, मगर डर लगता है। राधा जैसी बदशक्ल, मुँहफट लड़की कहीं भी लड़ने लगे, अपमान कर दे, कुछ भी उड़ा दे, क्या भरोसा!"

राधा रिहर्सलों में बराबर आयी। पिछली बेंच पर बैठे-बैठे चुपचाप, सबको ताकती रहती। उसने स्क्रिप्ट का लिखा हुआ अपना पार्ट, उस लड़की को सौंपते कहा, "माफ करना, गुस्से में फाड़ दी थी, अब कागज जोड़कर लायी हूँ। तुम मेरी जगह काम कर रही हो ना? अच्छे से करना, समझीं?" वह रिहर्सलों के दौरान शून्य में घूरती रहती। तरसती निगाहों से ड्रामे का सामान, प्रेस की हुई ड्रेसें, पन्नी चढ़ी तलवारें, सजा हुआ सिंहासन, वगैरा देखती। कभी-कभी चुपचाप ही आँसू पोंछने लगती, और चुपके से उठकर चल देती। मुझे कभी-कभी यह देखकर सहानुभूति भी उमड़ती, मगर सवाल था नाटक की सफलता का। एक उसकी खातिर बाकी लोगों को नाराज नहीं किया जा सकता था।

वार्षिक जलसा आरंभ हुआ। पहले ही दिन पूरे तीन घंटे का वह नाटक था। नाटक होना था—स्कूल के काफी बड़े हाल में। बस्ती के निमंत्रित व्यक्ति, भूतपूर्व विद्यार्थी, शिक्षक, लड़के-लड़कियाँ—कुल मिलाकर भीड़ से हाल खचाखच भर गया। लोग बाहर खड़े खिड़कियों से भी ताक-झाँक कर रहे थे। उद्घाटन के बाद मुख्य नाटक प्रारंभ हुआ। एक के बाद एक अंक...और मंत्रमुग्ध-से बैठे दर्शक। एक-दो बार मैं किसी काम से भीतर ग्रीन-रूम में गया, तो देखा राधा वहाँ अकेली एक दर्पण के सामने खड़ी थी, जो मुझे देखकर चुपचाप निकल आयी, और ताली बजाती भीड़ में शामिल हो गयी। नाटक खत्म होते ही तालियों की गड़गड़ाहट से हाल गूँज उठा था। परदे के पीछे पात्र और उनके प्रशंसक खड़े थे, और बधाइयों का सिलसिला चल रहा था। राधा भी जोश में सबको बधाई देती घूम रही थी। मारे उत्तेजना के बोल नहीं पा रही थी।

जल्दी ही भीड़ छँट गयी। अभिनय करने वाले, इंतजाम में लगे लोग और सारे शिक्षक चले गये। मैं दूसरे-तीसरे दिन के प्रोग्राम के बारे में कुछ पत्र लिखने के लिए अकेला स्टाफ-रूम में रुक गया। बाहर स्कूल का बूढ़ा चौकीदार खंबे से टिककर ऊँघने लगा। वह प्रतीक्षा कर रहा था, कि मैं जाऊँ तो वह ताले वगैरा बंद करके घर जाए।

फुरसत होते काफी देर लग गयी। बाहर निकला, तब तक बाहर सब ओर सन्नाटा छा गया था। समय भी काफी हो गया था। काफी थकान लग रही थी। मैंने ऊँघते चौकीदार को उठाया, ताकि वह ताले बंद कर दे।

तभी स्कूल-हाल से धीमी भिनभिनाहट और कुछ खट-पट की आवाजें आयीं। हम दोनों ने एक-दूसरे को देखा और फिर मैं चौकीदार के पीछे-पीछे हाल की ओर बढ़ा। हाल का सामने वाला दरवाजा पूरा खोलते मैंने भीतर झाँका। भीतर नजर पड़ते ही मेरे पाँव जहाँ के तहाँ रुक गये, और शरीर जैसे अपनी जगह जड़ हो गया। मैं आँखें फाड़े सामने स्टेज पर ताकता रह गया।

पूरा हाल तीव्र फ्लड-लाइट के प्रकाश से नहा रहा था। स्टेज-लाइट जल रही थीं। स्टेज पर वही लड़की राधा, अकेली, ड्रामे की पोशाक पहने, पूरे मेकअप में,

हाथ में पन्नी चढ़ी तलवार घुमाते, जोर-जोर से भावावेश में कह रही थी, "ऐ मुल्क के बादशाह!...ये तलवार नहीं झुकी है...नहीं झुकेगी...नहीं झुकेगी!"

सामने संपूर्ण खाली पड़े हाल में निर्जीव कुर्सियों की कतारें थीं, जो शायद राधा की कल्पना में हजार आँखों वाले दर्शकों का रोल अदा कर रही थीं। राधा के माथे पर मुकुट जगमगा रहा था। मखमली कोट और उसके नीचे थेगड़ा लगी पुरानी-सी साड़ी...पाँव में जरी के काम वाली जूतियाँ...रूखे, उलझे हुए बाल...वेणी में सजे फूल...पपड़ाये-से ओठ...ढेर-सा पाउडर...

मुझे देखते ही उसके हाथ की तलवार उठी की उठी रह गयी। मुँह खुला रह गया। शब्द जहाँ के तहाँ जम गये। आँखें सामने शून्य में ताकती रहीं। जैसे वह राधा नहीं, कोई पत्थर की मूरत हो, जिसे इसी मुद्रा में स्टेज पर लाकर खड़ा कर दिया गया हो।

धीरे-धीरे उसके ओंठ हिले, मगर आवाज नहीं निकली। तलवार झुकी, और झुकती गयी...'छन्न' से स्टेज पर गिर पड़ी। उसने बिलजी की-सी तेजी से मखमली कोट, वेणी, फूल, मुकुट सब उतारकर स्टेज पर ही पटक दिये; और बुरी तरह रोती, बिलखती, दौड़कर हाल से बाहर भाग गयी। मैं आवाज ही देता रहा, मगर वह बाहर अँधेरे में विलीन हो चुकी थी।

रोजगार

सूरज की किरणें पलकमती नदी की लहरों पर नाचती इस पार आ लगीं। सवेरा हो गया। राजदेव में कहावत थी, कि भिनसारे सूरज नहा-धो के, पलकमती में शुद्ध हो के गाँव में घुसता है; और दिन-भर का धूल-गर्दा लपेटे, हारा-थका, भूरी टेकरी की ओट में दुबक जाता है। किरणों के साथ-साथ ठसाठस भरी पहली नाव भी पल्ले पार के मुकाम से गाँव के घाट पर आ लगी। लोग हड़बोंग मचाते, धकियाते, उतरने लगे, और ऐन ऊपर एक चौरस मैदान पर बने मोटर-स्टैंड की तरफ लपक लिए। नाव में लदी साइकिलें, लकड़ी के गट्ठर, टोकरे, दूध के लड़खड़ाते डिब्बे, गठरी-मुठरी, झोला, थैला, सब एक-के-बाद-एक उतरने, और भीड़ छँट जाने के बाद नाव उछाल लेने लगी। पान का टोकरा सँभाले झुनकी अम्मा अभी भी नाव में डगमग हो रही थीं।

वह चिल्लायीं, "अरे, सब भग लिए, मोहि तो उतार लो रे...! पार लगाहो कै बैतरनी में ही घुमाहो, चौरसी चक्कर?"

नाव को खूँटे से बाँधता एक मल्लाह हँसा, "अम्मा मरी नै जा, अबे तो हम बचे हैं, दो जमदूत! पार लगा दे हैं। तू बिटमा मती। तेरे बिला कोई डिराइवर मोटर नै हाँकहें। और वो गोरेलाल एजेंट तेरे काजै मोटर रोकी रहेगो।" उन दोनों ने झुनकी अम्मा को गोद में उठाकर, सूखी रेत पर खड़ा किया। उसके सिर पर टोकरी रख दी।

ऊपर स्टैंड पर मोटर आकर लग गयी थी। आठ-दस सवारियों को छोड़कर पूरी मोटर खाली थी। नाव से उतरे लोग तेज कदम बढ़ाते, गोरेलाल एजेंट की मेज तक आये, और वाउचर में फटाफट अपना नाम लिखाने लगे। गोरेलाल की जुबान कतरनी की तरह चल रही थी, "बाड़ी...तीन सवारी, पन्नालाल...चार रुपये, आठी आना निकालो...क्या नाम,...हलकू? सवा रुपया...छै सवार बिसरामपुर...कै अढ़ामू पंद्रा...पंद्रा रुपय्या निकालिए भाई साहब...। सीट ले लीजिए...जगह भर रही है...क्या बे... घुटकू?...गाड़ी नहीं रुकती...पैदल चला जा, चार मील तो है...पाँव में फोड़ा है? अस्पताल जाओ...भाई, मेरे। घिघियाता क्यों है? निकाल चालीस पैसे...पूरे नहीं हैं...? अच्छा पंद्रा बाद में दे देना...। गाड़ी रुकवा के उतर जाना। आगे चला गया, तो कंडक्टर टेंट से किराया वसूल लेगा...समझे...! दिमाग खा गया...जाना चार मील...बहस करेंगे, बंबई की...। हाँ साब...ये गाड़ी श्रीपुर तक जाएगी, आगे दूसरा कनेक्शन मिलेगा...क्या नाम बताया साब...? सवा सात रुपया...वो फ्रंट सीट खाली

है...और ये नौ सवारी सलैया का सनीचरी हाट...ये बाजार के चिक्कट नोट थमा दिये गोरेलाल को...! हाँ पिता जी, सब चलाऊँगा...घर के पिछवाड़े बैंक खोल के रखी है ...आप बिराजो मोटर में...।"

"कंडक्टर भैया, पान खा लिया?...इलायची...पिपरमेंट...? लो वाउचर थामो... टोटल करके हमारा कमीशन दे मारो...और बजाओ सीटी...।"

गोरेलाल बोलते-बोलते रुकता तो, काफी देर हवा में शून्य भरा रहता। कानों में कुछ भिनभिनाता रहता। इतनी देर में सवारियों ने जगह ले ली थी। ड्राइवर चाय खत्म करके मूँछों की नमी पोंछ रहा था। उसने चमचमाती गिल्ट की पालिश वाली डिबिया से पान निकालकर बड़े प्रेम से मुँह में दबाया और मोटर की तरफ बढ़ लिया। चड्डी-बनियान पहने एक मरियल-सा छोकरा तब तक पूरी मोटर पोंछकर, एक पत्थर से टायर ठोंकता घूम रहा था। वह ड्राइवर के पास आया, "सब राइट है उस्ताद!" ड्राइवर ने उसे बीस पैसे दिये, तो वह खुशी से कूदता होटल की तरफ भागा।

गोरेलाल की बुलंद आवाज बस-स्टैंड पर गूँज रही थी। "बाड़ी...सलैया...हलकू... पुरवा...बिसरामपुर...सिरपुरी...है कोई और?" कंडक्टर की सीटी के साथ मोटर का पुराना इंजन घरघरा उठा।

तभी गोरेलाल चिल्लाया, "अरे, वो पी॰ डब्लू॰ डी॰ आयी कि नहीं?"

कंडक्टर ने आश्चर्य से पूछा, "कौन पी॰ डब्लू॰ डी॰?"

गोरेलाल ने घाट की ओर देखते हुए कहा, "रुकना भइया...जरा रोक के...हमारी पान वाली डुकरिया वो आ रही है...। उसको चढ़ाओ, वरना अगली मोटर तक बैठी-बैठी मेरे पुरखे तारेगी यहाँ...। टोकरी पर हाथ लगाना यार...चढ़ जा माता..."

बूढ़ी ने हाँफते हुए कहा, "गोरे बेटा...टिकट?"

गोरेलाल बड़बड़ाया, "टिकट तो इकट्ठी ऊपर की कटाना अम्मा...खुदागंज की। अभी कंडक्टर को पचहत्तर पैसे दे देना...। बस...और भैया कंडक्टर साब... बुढ़िया को हाथ लगाके सलैया के शनीचरी हाट में उतार देना...। लुढ़क गयी, तो बोलो-ई-राम हो जाएगी...। मारो सीटी!"

गोरेलाल ने बस को विदा किया। मुँह से गर्द पोंछी, और चारों ओर नजर दौड़ाकर घड़ी देखी। उसने पूरी साँस भीतर खींचकर फिर हाँक लगायी, "हाँ भाई... आठ-चालीस का नाम लिख लो...बाकू, बिरधा...पालनपुर...मोगरा...सिंगपुर...पाली, मुड़िया-खेड़ा...? आठ-चालीस की छँगानी बस...।"

अपनी हिलती चूलों वाली पुरानी कुर्सी से टिककर बैठते, उसने स्लीपर उतार कर पालथी मार ली। जेब से तंबाकू निकालकर रगड़कते हुए वह दूर, दृष्टि गड़ाकर नीचे घाट की तरफ देखने लगा, जहाँ नहाने वालों की भीड़ बढ़ रही थी। पल्ले पार से नाव, दूसरी खेप भर कर, मंथर गति से लहरों को चीरती इस ओर बढ़ रही थी। गोरेलाल की तर्जनी बायीं हथेली पर तेजी से चल रही थी। उससे अधिक तीव्रता से

दौड़ रहे थे, उसके विचार...। आज शनिवार है...शनीचरी हाट...सलैया की सवारियाँ दोपहर तक खूब मिलेंगी...खरीदारी वाले...सब्जी वाले, तरबूज-खरबूजे की पल्ले पार की लगेज, दोपहर बाद बस्ती के मास्टर, सरकारी अमले वाले अपने-अपने गाँवों और शहरों की टिकट कटाएँगे, इतवार को छुट्टी मनाने। शाम तक वह धनराज गाड़ी से सलैया जाकर उधर की बुकिंग सँभालेगा...साढ़े-नौ वाली रात की हाल्टिंग महामाया- ाल से सवारी भरकर लौट आएगा। राजदेव! आज आमदनी का दिन है...सिर्फ महीने के चार-पाँच शनीचर की मेहनत का एक खजूर-छाप नोट बन जाता है...। इस दिन की आमदनी वह बिना छुए जमा करता है। अपनी लूली लड़की पूनो का ब्याह सिर्फ नोटों की मार से निपटाना है उसे। सुबह छै से रात दस बजे तक, केवल अपनी जुबान की कतरनी चलाने की कमाई खाता है वह...। वह तो फिर भी दस बजे फुरसत पा जाता है, नाव वाले मल्लाहों को तो आखिरी मोटर की सवारियों को उस पार उतारना होता है...जो नाव में गैस-बत्ती जला के महुआ की कच्ची अर्क की तरंग में अलाप लेते रहते हैं—

'पलकमती...उफनाये मती
लाज राखिये...मानवती।'

गोरेलाल ने तंबाकू की फंकी मारते, टेकचंद हलवाई की तरफ देखा, जो इत्मीनान से खुद के बनाये बेसन के लड्डू खाता, अखबार पढ़ रहा था। गोरेलाल ने मुँह भरा होने के कारण ऊँ...ऊँ...कह कर इशारा किया। टेकचंद मतलब समझ कर अखबारों की खास-खास खबरें पढ़कर सुनाने लगा—

"लड़ाई चल रही है..."

"सोना तेरह सौ का दस ग्राम...याने तोले का दाम...?"

"आज का शुभांक...सुन ले फकीरा..."

"...एक लड़की ने...आँ...आँ...अखबार पढ़ो, तो तबीयत घबराती है! अच्छा गोरेलाल ले...एक खबर तेरी है...हाँ...सरकार ने...इन दो राज्यों की राजधानियों को जोड़ने वाले को, राष्ट्रीय मार्ग घोषित कर, उसका राष्ट्रीयकरण करने का निश्चय किया है...दिनांक..."

गोरेलाल ने बौखलाकर पिच् से पीक थूकी और कहा, "आँ...ऐं...क्या...? क्या...पढ़ा...?...राष्ट्र का...राष्ट्रीयकरण?...राष्ट्र का राष्ट्रीयकरण...? फिर से तो बोलना...मैं समझा नहीं।"

टेकचंद ने उसे घूरा और डपट दिया, "पूरी खबर पढ़ने दो गोरेलाल...। पंद्रह मार्च के बाद के इस मार्ग पर निजी बसों को चलने की अनुमति नहीं दी जाएगी...समझे?"

तंबाकू अभी भी गोरेलाल के दिमाग में सन्ना रही थी।

टेकचंद ने अखबार दूर रखते हुए कहा, "एजेंट साहब, राजदेव भी राजमार्ग पर आता है, समझे! प्राइवेट बसें बंद, सरकारी बसों की हरी झंडी। गोरेलाल एजेंट जब

चौदह मार्च को आखिरी वाउचर काटेंगे, तो उसमें आखिरी टिकट अपना कटवाएँगे।"

भैयालाल पान वाले ने चुटकी ली, "ये कुर्सी-टेबुल चौथाई कीमत में तुम खरीद लेना टेकचंद!"

गोरेलाल के चेहरे पर मुस्कुराहट फैली। मुस्कुराहट फैलती गयी। उसका मुँह खुला, और उसने इतने जोर से ठहाका मारा, कि आसपास के लोग चौंककर देखने लगे। वह हँसा तो हँसता ही गया। कुछ क्षणों को उसकी हँसी थमी। वह बोला, "छह साल से यह खबर छप रही है...बेसन के लड्डू और मोटर कंपनी में फरक होता है, यार हलवाई! बस वालों को तो घुड़कती ही रहती है सरकार...ज्यादा नामा मत खींचो...पब्लिक का खयाल रखो...भेड़-बकरी की तरह मत लादो...बस। पहियों का ब्रेक मोटर में, और मालिकों का ब्रेक सरकार में। ये होता है इन खबरों का मतलब...समझे?"

एक क्षण रुककर वह चिल्लाया, "वाकू...विरधा, पालनपुर...मोगरा...सिंगपुर ...पाली...मुड़िया-खेड़ा...फटाफट नाम लिखाओ...।"

दोपहर को जब टेकचंद हलवाई कुर्सी से टिके-टिके ऊँघ रहा था, तो गोरेलाल ने आहिस्ता से उसकी पीठ की ओट में दबा अखबार खींचा, और तीसरे पृष्ठ की वह खबर पढ़ने लगा। एक बार...दो बार...तीन बार...। सफेद कागज पर लिखे काले अक्षर दंश की तरह उसे चुभते गए। दस लोगों के बीच भले ही उसने जोरदार ठहाका मार दिया था, मगर अभी चुपचाप वे अक्षर उसे गहरे बेधते जा रहे थे। जहाँ से उसने ठहाका लिया था, उस सतह के बहुत नीचे किसी गहरे भयानक अँधेरे में वे भिदते जा रहे थे। अतीत की सारी पर्तों को उधेड़ते, जहाँ से गोरेलाल का समूचा वजूद मोटर के पहियों से लिपटा, उसी के साथ घिसटता यहाँ तक पहुँचा है।

...तब वह नौ बरस का था। उसे हल्की-हल्की सी स्मृति है। टी॰बी॰ की तीसरी स्टेज में बलगम के साथ खून थूकता उसका एक बाप हुआ करता था, और बात-बात पर उसे निर्दयता से मारती उसकी सौतेली माँ। बाप की मौत के बाद सौतेली माँ की सारी क्रूरता का शिकार वह नौ बरस का छोकरा था। उसे याद है...आठ आने की चोरी पर माँ ने पहले उसके सारे कपड़े उतारकर उसे नंगा कर दिया था। फिर हाथ और पाँव बाँधकर घसीटती सड़क पर लायी थी, और उसके बदन पर एक-के-बाद-एक संटियें और बेंतें टूटती गयी थीं। काफी देर बाद उसे लगने लगा था, कि मार अभी भी पड़ती जा रही थी, और महसूस नहीं हो रही थी। इसके बाद पड़ोस के एक ढोर-डाक्टर का देवता-स्वरूप चेहरा...जिसने उसकी सौतेली माँ से बेंत छीनकर उसे मुक्त कराया था और कहा था..."राक्षसी, तूने इस छोकरे को जना होता तो मार महसूस करती..।"

फिर वह घर से भाग लिया था। जन्म-भर उसे कोई ऐसा धारदार हथियार नहीं मिला, जिससे काटकर वह अपनी पहली नौ बरस की जिंदगी अलग कर सकता।

उसके बाद एक अजनबी शहर का बस-स्टैंड उसका घर था, और मोटर...उसकी माँ। मार उसने फिर भी खायी। जिस उमर तक उसकी पेशियाँ, पलट कर प्रतिरोध करने लायक नहीं हो गयीं, तब तक वह अक्सर पिटता रहा। होटल वालों के माथा चकराने वाले थप्पड़, ड्राइवरों और कंडक्टरों के घूँसे, जिससे उसकी पीठ कमान की तरह झुकती जाती। छुट्टन उस्ताद की हवाई जहाज स्टाइल, जो उसके दोनों कान पकड़कर हवा में झुलाता और उछाल देता, और इन सबसे बढ़कर पुलिस वालों के नालदार बूट, जो उसे फुटबाल बना देते...। मगर जब भी उसे पिटाई के बीच अपनी सौतेली माँ का चेहरा याद आता, तो उसे लगता कि ये लोग उसे मार नहीं रहे, बेइंतिहा प्यार कर रहे हैं। वह..."नहीं उस्ताद...नहीं उस्ताद..." करके हँसता रहता, बाल्टी और गीला कपड़ा ले के, मनोयोग से रगड़-रगड़ के मोटर की बाडी चमकाने में जुट जाता।

बस-स्टैंड का अपार जनरव, कोलाहल, धक्का-मुक्की, चीख-पुकार, सुबह से देर रात तक चलता रहता, और वह इस सबसे निर्लिप्त दस-पंद्रह मिनट के लिए रुकी बस को गीले कपड़े से, मनोयोग से पोंछता, धीमे स्वर में 'मोटर' से बातें करता रहता, "तुम हमेशा लेट आती हो, तूफान-एक्सप्रेस...तुम्हें नहलाने के लिए घंटा-भर से फिकर करता खड़ा था...। अभी मैंने राटी नहीं खायी...समझीं...। लोग तुम पर बैठते हैं, और पीक से रंग देते हैं...? फद्दा उस्ताद से कहूँगा...ऐसों को तो ऐन जंगल में उतार देना चाहिए...। अभी चमाचम कर दिया है, ऐसे ही रहना...ठीक?" रात को जब किसी हाल्टिंग बस में दुबककर सो जाता, बेहोशी की नींद में पड़ा रहता। सुबह कंडक्टर उसके कान खीचंकर उठाता, "उठ बे...टैम हो गया...सफाई मार जल्दी से...ऐसे दुबका पड़ा है, जैसे अम्मा की गोद में सोया है...।"

गोरेलाल को याद आ रहा था कि वह ग्यारह बरस की उम्र में मोटर के नीचे घुसा था। छुट्टन मेकेनिक ने उसका परिचय एक ऐसी रुँधी हुई अँधेरी दुनिया से कराया, जो सूरज की रोशनी और उन्मुक्त आकाश से परे, तेल, कीट, गर्द और लोहे के जंगल में रची-बसी थी। घंटों वह उसी सुरंगनुमा संसार में गुजार देता। असावधानी-वश एक दिन अपने बायें हाथ का अँगूठा भेंट चढ़ाकर, उसने उस संसार से विदा ले ली। उसकी दिशा बदल गयी, मगर दुनिया फिर भी वही थी, माहौल वही था। लगेज लादना, उतारना एक हुनर था, बस में ठूँस-ठूँस कर सवारी भरना एक आर्ट था। अक्षर-ज्ञान से लेकर टिकट बनाना, वाउचर भरना और खासा लिख-पढ़ लेना, उसने वहीं सीखा। सारे कंडक्टर, ड्राइवर, मेकेनिक, मिस्त्री, एजेंट उसके शिक्षक थे। और बस-स्टैंड था उसका स्कूल। धाराप्रवाह गाली बकना, जरूरी धक्का-मुक्की, मारपीट, पुलिस, भीड़ और आड़े-टेढ़े आदमियों से निपटना भी उसकी ट्रेनिंग के अंग थे। वे सारे लोग, जो इस धंधे से जुड़े थे, उसके संरक्षक थे। उसे याद है, एक बार वह गंभीर रूप से बीमार पड़ा था। मौत के बिल्कुल नजदीक। तब उसे अक्सर मारने वाला, होटल मालिक, चम्मच से दलिया खिलाता था, बस-स्टैंड की ड्यूटी वाला सिपाही अस्पताल से दवा लाकर देता था। हर आने-जाने वाला ड्राइवर, कंडक्टर

उसका हालचाल पूछता था। छुट्टन मेकेनिक तो काम छोड़कर उसी के पास बैठा रहता था। जब उसकी साँस रुक-रुककर चल रही थी, तो छुट्टन रो पड़ा था। घुटने टेक कर, सिर पर रूमाल रखकर उसने दुआ माँगी थी, "ऐ कुव्वतवाले, पीरों के शहंशाहुताजुद्दीन बाबा...मेरी आठ औलादें हैं, भले तेरी हुजूरी में एक को बुला लेना...मगर बिन माँ-बाप के अनाथ छोकरे को बख्श देना...मैं चादर चढ़ाऊँगा।" कुछ बरस पहले, छुट्टन के मरने के पहले जब गोरेलाल उसके पास पहुँचा, तो बूढ़े ने सिर पर हाथ रखकर कहा था—"मेरा नौवाँ बेटा आ गया।" और उसकी पलकें बंद हो गयी थीं।

आज से बीस बरस पहले गोरेलाल शहर छोड़ के यहाँ, इस राजदेव की बस्ती में आया था। इस धंधे में पल-पुसकर वह बड़ा हुआ था, और इसके लायक हो गया था कि इज्जत की जिंदगी गुजर-बसर कर सके। तब गिट्टी वाली अधकच्ची रोड पर आठ माह बसें चलती थीं। बरसात में नाले-झोरे, रपटा आदि पूर आ जाते, और ट्रैफिक प्रायः बंद ही रहता। मुन्नालाल-कंपनी की चालीस सीटर बस, जब चमचमाती हुई नयी-नयी सड़क पर उतरती थी, तो एक 'खूब लंबी बस' आने की धूम मच गयी थी। ड्राइवर हर हाल्ट पर पेड़े बाँटता गया था। गोरेलाल ट्रांसपोर्ट वालों के संरक्षण में पला-पुसा था और उसके लिए बुकिंग एजेंट का काम, रोजगार से ज्यादा, दीन-धरम था। राजदेव की बस्ती बड़ी तेजी से गाँव से कस्बा बनती जा रही थी। पास-पड़ोस के, पलकमती नदी के पार के पच्चीस-तीस छोटे-छोटे गाँव बस्ती से जुड़े थे। साउथ बैंक केनाल निकलने के बाद, इलाके की कायापलट होने लगी। इफरात से पेट में अन्न पड़ने लगे और थोड़ा आसपास बगरने लगे, तो सारी जिंदगी एक त्योहार बन जाती है, धूम-धड़क्का बन जाती है। पूरा इलाका गन्ना-बाड़ी और गुड़ का कटोरा बन गया। पानी का आसरा हो गया, तो दूर-दूर तक पान के बरेजे हो गये। नगदी फसलों, साग सब्जियों और फलों के उत्पादन की भरमार मच गयी। पूरे इलाके का चेहरा तेजी से बदलने लगा। सूखे आसमान को ताकते ग्रामीण, अब दूर क्षितिज पर नजरें गड़ाने लगे। आवागमन, व्यापार, रिश्तेदारी, संबंध से लेकर हाट-बाजार तक, सब फैलते गये। मोटर ट्रांसपोर्ट बढ़ता गया। नयी-नयी चमचमाती बसें सड़कों पर दौड़ने लगीं। नयी कंपनियाँ बनने लगीं। ऊँची बोली पर परमिट कटने लगे। बस-मालिकों, ट्रक-मालिकों की चाँदी कटने लगी। सिंगपुर से लेकर श्रीपुर तक पूरे ट्रैफिक रोड पर सोमवारी से इतवारी तक, हर रोज कहीं-न-कहीं का बाजार भरने लगा। यानी सप्ताह में प्रतिदिन कहीं-न-कहीं का साप्ताहिक बाजार। भरपूर मेले-ठेले, धरम-करम, प्रवचन, पारायण, नौटंकी...। कलदार तो आदमी के पाँव में पहिया बन गया। और फिर राजदेव की बस्ती को इस आसमानी बरसात में वाजिब हिस्सा मिलता गया। नदी पार से सारे गाँव का ट्रैफिक यहीं से था। रेलवे स्टेशन छह कि॰ मी॰ दूर था, और बस-स्टैंड, ऐन नदी-घाट के पास। और फिर हर घंटे में बसों की आमद-रफ्त। उस पर गोरेलाल जैसा व्यापक संबंधों वाला चलता पुर्जा एजेंट।

लोग-बाग गाँवों से अल्लम-गल्लम सामान लादकर इस तरह निकल देते, मानो छोरे की ससुराल जा रहे हों, जहाँ सब आवभगत में खड़े होंगे...। मुश्किल है, तो बस नाव से पार होकर, नदी के इस घाट लगना...बस। स्टैंड पर तो गोरेभैया है ही...। आप करेगा इंतजाम...। एक नहीं, तो दूसरी बस...नहीं तो तीसरी है ही...। कौन-सी ऐसी समस्या है, जिसका इलाज गोरेलाल एजेंट के पास नहीं? अगर हाट-बाजार की इकट्ठी तीस-चालीस सवारी अटक रही हों तो गोरेलाल, प्रीतमसिंह सरदार का ट्रक मँगवा देगा...या फिर कानून-कायदे ताक में...वह किसी जाती बस के कंडक्टर के हाथ पुरजा भेजकर, जिला-मुख्यालय वाले डिपो से नयी बस भी बुलवा सकता है...। कभी रात-बिरात कोई मोटर लेट हो जाए...कुली न मिले और बाल-बच्चों का साथ हो, तो गोरेलाल सिर पर सामान लादकर घर छोड़ आएगा। फिर हँसकर कहेगा, "जब कभी सिर पर बोझ ढोता हूँ, तो पुरानी औकात की याद बनी रहती है।" ...सत्तर-सीटर बस में एक सौ चालीस सवारी सिर्फ गोरेलाल ही ठूँस सकता है। वह भी हँसी-मजाक और प्यार-मुहब्बत से...। इतने पर अगर कोई बिगड़े दिल भड़क उठे तो गोरेलाल का बेतुका जवाब हाजिर, "माई-बाप, जाना सबको है, किसे रोकें? असली तकलीफ है, आबादी की...। आपको मालूम तो है...कोशिश चल रही है...। बीस बरस बाद इतनी भीड़ नहीं होगी। और फिर रेल के डिब्बे में भी तो ऐसे ही ठुँसते हैं। फरक ये, कि वहाँ कोई गोरेलाल नहीं होता...हाथ जोड़ने को...बड़े सरकार, माई-बाप कहने को...।" लोगों के दिमाग में घुस गया था कि राजदेव के बस-स्टैंड पर गोरेलाल, मतलब सुरक्षित यात्रा की गारंटी है। बीस बरसों में आँधी, पानी, बरसात, गर्मी, बीमारी, पारिवारिक परेशानी या कोई भी बाधा रही हो, गोरेलाल कुछ अपवादों को छोड़कर हमेशा राजदेव बस-स्टैंड पर हाजिर मिलता रहा। जिस तरह इस बस-स्टैंड की कल्पना गोरेलाल के बिना असंभव-सी दिखती थी, उसी तरह उसे अपने अस्तित्व की कल्पना भी; बस-स्टैंड के बगैर असंभव दीखती थी।

गोरेलाल और बस-स्टैंड दोनों के मध्य एक दीवार खींचने की खबरें और अफवाहें चार-पाँच बरसों से समय-समय पर उफन कर उग्र रूप धारण करतीं; और फिर यह चर्चा अपने-आप शांत हो जाती। कभी-कभी खबरें छपतीं, अखबारों में चर्चे निकलते, कि सरकार ने फलाँ मार्ग का राष्ट्रीयकरण कर दिया है, फलाँ जगह सिर्फ सरकारी मोटरें चल रही हैं, या शुरू में प्राइवेट बसों के साथ सरकारी सेवा शुरू हुई है। बाहर से आने वाले जाने-पहचाने यात्री या ड्राइवर-कंडक्टर भी ऐसी बातों को तूल देते। अक्सर चर्चा होती, कि यह सड़क मार्ग उसी लंबे रूट पर पड़ता है, जो दो पड़ोसी राज्यों की राजधानियों को जोड़ता है...। कम-से-कम इस प्रदेश के इस प्रमुख मार्ग पर निजी बसें पूरी तौर से बंद की जाने वाली हैं...। गोरेलाल उस स्थिति की कल्पना से काँप उठता, जब इस ढलती उम्र में निजी बसें बंद होने के बाद वह बेरोजगार हो जाएगा...। न सिर्फ बेरोजगार, वरना उसकी साँस-साँस में बसा यह संसार उससे छिन जाएगा। पिछले कई बरसों से इस तरह की बातें प्रारंभ होतीं,

जिनका अंत ठंडे बस्ते में हो जाता। वह सोचता कि इस लंबे रूट पर अलग-अलग हिस्सों में कम-से-कम सौ बसें हैं। आठ-दस बड़े-बड़े आफिस, डिपो, वर्कशाप और चालीस से ऊपर स्टापेज...। कितने सारे ड्राइवर, कंडक्टर, क्लीनर, मिस्त्री, मेकेनिक, चेकर, छोकरे, बाबू, बुकिंग एजेंट, सैकड़ों लोग...! मालिक लोगों, हिस्सेदारों और बड़े लोगों की बात दूसरी है...उनके पास पैसा है...जो किसी भी मोटर की रफ्तार से तेज दौड़ता है...और मोटरें बंद भी हो जाएँ तो किसी भी दुर्गम, ऊबड़-खाबड़ 'सड़क' पर उतनी ही रफ्तार से दौड़ सकता है...। मगर गरीब कहाँ जाएँगे? मगर दूसरी ओर यही सब सोचते-सोचते गोरेलाल को तसल्ली होती, कि वह अकेला नहीं है। उसके भाग्य के साथ इतने सारे लोगों का भाग्य जुड़ा है।

इस बार अखबार में जो खबर थी, उसमें तारीख दे दी गयी थी। पंद्रह मार्च। गोरेलाल ने दो-तीन दिन तक लगातार जिला-केंद्र से आने वाले ड्राइवरों कंडक्टरों से इस बारे में पूछताछ की। पहले चर्चा के प्रारंभ में इस खबर का मजाक उड़ाया जाता। इससे संबंधित लतीफेबाजी होती। मगर तारीख को याद करके प्रत्येक चेहरे पर जैसे कालिख पुत जाती। चाय पीते और पान की पीक थूकते ड्राइवर बतलाते कि अब उनकी कंपनी के पास कौन-सा छोटा-मोटा रूट बचेगा, और लगभग कितनी बसें बंद होंगी, कितने लोग छँटनी किए जाएँगे?...किस कंपनी ने बसों के धंधे से खिसक कर ट्रक-ट्रांसपोर्ट में पैर फैलाये हैं...कौन ड्राइवर दूसरी जगह जुगाड़ भिड़ा रहे हैं। एक यूनियन बनने की खबर थी, जो छँटनी वालों के लिए लड़ेगी। गोरेलाल हँस पड़ता, "अब जाके यूनियन बनाओगे? बेरोजगार यूनियन? जिसमें सिर्फ प्रेसीडेंट और सेक्रेटरी के रोजगार का वसीला बना रहेगा?" इन बातों में बस चलने का समय हो जाता, और ड्राइवर स्टेयरिंग पर हाथ धरे कहता, "गोरेलाल, देख लेना, इस बार भी हमेशा की तरह यह गुब्बारा पिचक जाएगा। कुछ होना-जाना नहीं।"

सबसे ज्यादा बेफिक्र था, अनवर ड्राइवर, जो एकदम मस्तमौला था, वह चर्चा चलने पर गोरेलाल से बोला, "मेरे लिए ये ड्राइवरी लैन एकदम बेवफा माशूका है यार! देख, बावन बरस की उमर में बीस से जादा जगह नौकरी की है मैंने। सबसे ज्यादा टिका हूँ यहाँ, अढ़ाई बरस। अब की बार लगता है, सरकार मेरी भी छुट्टी करेगी, और मालिक की भी। मगर अब और ड्राइवरी नहीं करना। जोरू न जाता, अल्लामियाँ से नाता। अब मेहँदी के रंग से बाल रँगना बंद कर दूँगा और एक चिमटा बनवा के फकीर बन जाऊँगा, किसी ठीये पर पड़े-पड़े सट्टे के नंबर बताऊँगा। ढेरों मुरीद मिलेंगे।"

रहमान बाबा इस रूट का सबसे पुराना ड्राइवर था। आज भी तन कर खड़ा होता, तो उमर पचास-पचपन की लगती, मगर सही-सही उमर इससे काफी ज्यादा थी। कहते हैं, पहले कभी दूसरी लड़ाई के बाद एक जमाने में, स्टीम से चलने वाली एक मोटर डिपो में आयी थी, जो बाबा ने चलायी थी। यह गोरेलाल पर उन दिनों से स्नेह रखता था, जब से ग्यारह बरस की उमर में उसे गीले कपड़े से मोटरें पोंछते

देखा था। मोटरें बंद होने की बात चलने पर उसने गोरेलाल को एक नयी खबर सुनाई, "बेटा, हमने सुना है, गौरमिंट हट्टे-कट्टे जवानों को रोजगार देगी। जो डिराइवर, कंडक्टर मजबूत हैं, काम लायक हैं, उन्हें चुनकर रखा जाएगा। रद्दी के भाव जाएँगे, तो हमारे जैसे बूढ़े, जिनके पैर कबर में लटके हैं या फिर तुम्हारे जैसे एजेंट, जिनकी कोई जरूरत नहीं!"

फिर उसने आँखें गड़ाकर गोरेलाल को देखा, "तुम और कोई काम जानते हो?"

"काम?...और कोई काम?" उसे लगा, जैसे इस बूढ़े ने उसके कलेजे में नश्तर चुभो दिया है। उसकी साँस की हर गंध पेट्रोल और डीजल में उस समय से रची-बसी थी, जब से वह घर छोड़कर भागा था। जीवन की इस शाम में अब उसके लिए क्या बचा था...? एक छोटा-सा मकान...लंबा परिवार...कुछ जमा रकम...एक अपाहिज लड़की की ब्याह की तमन्ना...और हाँ...ये टेबुल-कुर्सी। जिंदा रहने के लिए किसी नयी शर्त की जरूरत हो सकती है, यह उसे पहले पता होता, तो इंतजाम कर लेता। गोरेलाल सोचते-सोचते उठकर खड़ा हुआ। उसने एक गिलास पानी पिया, फिर हँसकर बोला, "ठीक है बाबा, तुम कब्र में निजात पा लेना, और मैं?...वह गाँव में पगला है ना?...नंगा, मोटर-स्टैंड पर घूमता है? वोई...पगला बाबा, पेट तो वो भी भरता है...। मेरी फिकर छोड़ो...गाड़ी लेट मत करो। सलाम।"

गोरेलाल बाकायदा सुबह मोटर-स्टैंड पहुँचता, हमेशा की तरह, पूर्ववर्ती कड़कदार आवाज में चिल्लाता, ठहाके मार के हँसता, और मुसाफिरों से मजाक करता। मगर पहचानने वाले किसी भी ड्राइवर, कंडक्टर को देखकर, उसका चेहरा स्याह पड़ जाता। पढ़ने के लिए अखबार हाथ में लेता, तो उसका हाथ काँपने लगता...। कहीं 'वही' खबर तो नहीं...? शोर, भीड़, व्यस्तता और इतनी चीख-पुकार से भरे राजदेव के स्टैंड पर 'वह' चुपचाप आने वाली खबर दबकर रह जाएगी...। और कितना वक्त निकलता है...? जिस तरह पिछले छह बरसों से राष्ट्रीयकरण की खबर उड़ रही है, उसी तरह और कुछ वक्त मिल जाए, तो वह ब्याह निपटा दे...। एकाध लड़के को कहीं 'चिपका' दे...। फिर कौन उसे यहाँ जान हलकान करना है?...बस, सारा किस्सा एक बार और टल जाए।

फरवरी के दूसरे सप्ताह में विभिन्न कंपनियों के मुलाजिमों को नोटिस मिल गयी, चौदह मार्च की मियाद वाली। इसके बाद सेवा समाप्त। कुछ लोगों की जाँच, मेडिक़ल, इंटरव्यू, वगैरह की बातें चलीं, जिनको फिर से सरकारी नौकरी में लेना था। अनवर ड्राइवर अभी भी मजाक करने में नहीं चूका, "मैंने तो भाई मियाँ, कै दिया...नौकरी दो, या फकीर बन जाऊँगा...। और मैं फकीर बना, तो दुनिया का भरोसा उठ जाएगा फकीरों पर से, और गोरेलाल तुम?...तुम्हें कोई नोटिस नहीं मिलनी। पंद्रह तारीख को जो मोटर आएगी, उसमें ही तुम्हारा परवाना होगा...बस।"

यात्री आपस में बातें करते कि राजदेव पर आमदरफ्त कम हो जाएगी। रोजगार-धंधे वाले सलाह करते कि थोड़ा चक्कर काटकर अब रेलमार्ग से जाना पूरा

जाएगा। शायद लंबी दूरी की गाड़ियाँ बढ़ जाएँ, और लोकल गाड़ियाँ, इतनी न रहें। कुछ होटल वाले बाजार या स्टेशन के पास ठिकाने तलाशने लगे। नाव-घाट के मल्लाह आँकने लगे कि अगर स्टेशन के पास वाले फूटाघाट पर नाव लगानी पड़ी, तो कैसे जमाएँगे। गोरेलाल ऊपर से बेफिक्र दीखते हुए भी काफी चिंतित रहने लगा। उसे लगता कि उसकी अपनी समस्या है, जो इन सबसे अलग है। टेकचंद हलवाई अब अपनी दुकान समेटने के चक्कर में था। वह बड़ी आत्मीयता दिखाते हुए गोरेलाल को सलाह देता रहता, कि वह भी कुछ व्यवस्था करे, कहीं और कुछ जमाने की तैयारी करे। गोरेलाल बड़ी सूक्ष्मता से दौड़-धूप देखता रहता। और कड़वी बोली की तरह उसकी बिनमाँगी सलाह निगलता रहता।

एक दिन जब सुबह-सुबह ही टेकचंद ने उसे उपदेश देना शुरू किया, तो वह खीजकर बरस पड़ा, "तैयारी...तैयारी...? हाँ, मेरी भी तैयारी है।"

"क्या?" अविश्वास से टेकचंद ने पूछा।

गोरेलाल आवेश और उत्तेजना से काँपते हुए चिल्लाया, "मैं तैयार हूँ...खबर कर दो...। आइए सरकार! इस गरीब के पेट पर कसकर एक लात जमाइए,...आपका स्वागत है...। और कुछ?"

एक सनाका-सा खिंच गया। सब उसका मुँह देखने लगे। अपनी डबडबाई आँखों से आँसू पोंछते गोरेलाल ने सबके फक चेहरों को देखा, वह अचानक अपना चिर-परिचित ठहाका मारकर हँस पड़ा, और टेकचंद के कंधे थपथपाते हुए बोला, "बुरा तो नहीं मान गए?... लो, मैं तो मजाक कर रहा था।" धीरे-धीरे उसकी हँसी में कुछ और स्वर सम्मिलित हो गये।

पंद्रह मार्च की हवा बहने लगी...जिला-केंद्रों पर नये-नये दफ्तर बनने लगे, शेड लगने लगे...। डिपो बनेंगे, नयी इमारतें बनेंगी, लाइनवार बुकिंग विंडो होगी, धाँधली...कचराशाही, और अनियमितताएँ मिटायी जाएँगी...सब काम तौर-तरीके से होगा...ऐरी-गैरी दुकानों, गुमटियों, व्यक्तियों को हटाया जाएगा...नयी चमचमाती मोटरों के हिसाब से बस-स्टैंड भी तो तरीके का होना चाहिए...? सड़कें सुधारी जाएँगी...नये साइन-बोर्ड लगेंगे...आदमी सैकड़ों किलोमीटर का सफर आराम से कर सकेंगे...आरामदेह सफर...आरामदेह सीटें...आरामदेह कैंटीनें...सब कुछ एकदम नया, चकमक, व्यवस्थित...। और सुनहरे क्षितिज पर नयी इबारत लिखने के पहले, पुराने अक्षर मिटाने जरूरी हैं।...

एक दिन पहले तक गोरेलाल के अंतर में कहीं-न-कहीं यह आवाज जरूर उठ रही थी, कि कोई अजूबा हो ही जाएगा। निजी मोटरवालों ने न्यायालय में अर्जी दी है...शायद वहाँ कुछ हो जाए, या हमेशा की तरह कहीं से ढील पड़ जाए...। हो सकता है, थोड़ी-बहुत निजी मोटरों को इजाजत मिल जाए...। मगर उस दिन, दिन-भर गाड़ियाँ आती रहीं...गुजरती रहीं...। हमेशा की तरह चहल-पहल में दिन गुजर गया... कंडक्टर चुपचाप उससे वाउचर लेकर कमीशन देते रहे। ड्राइवर चाय

पीते, और खाते, बड़े शीशे में अपनी सूरतें निहारते रहे। अनवर मियाँ...रहमान बाबा...फकीरचंद...मुंशी...प्यारे...जब्बर...सुंदर...सारे परिचित चेहरे...उदास आँखें...। बिना कुछ बोले, वे गोरेलाल से गले मिले। रहमान ने जरूर भरे गले से कहा, "गोरेलाल, तू मेकेनिक का काम सीख लेता...काश...!" उसने अपना बायाँ हाथ रहमान के आगे फैला दिया, जिसका अँगूठा जड़ से कटा हुआ था। दो बूँद गर्म आँसू हाथ पर टपक गये। रहमान उसे उन दिनों से जानता था, जब वह बचपन में एक गाड़ी के नीचे घुसा था, और अपना अँगूठा गँवा बैठा था।

रात को नौ बजे आखिरी बस लेकर चंदन आया। गोरेलाल ने वाउचर पर भरे नामों की लिस्ट कंडक्टर को थमायी, और लंबी साँस भर कर कहा, "चलो आज छुट्टी हुई।" चंदन खुश था। बड़े उत्साह से गोरेलाल को बताने लगा, कि उसके मालिक ने मोटरों को, ट्रकों में बदलवाने के लिए कहा है। बॉडी चेंज होने के बाद, वही ट्रक इस रूट पर दौड़ेंगे। चंदन की नौकरी सलामत रहेगी। उसने गोरेलाल से कहा, "तुम चाहो तो तुम्हारी सिफारिश कर दूँ, माल लदान के हिसाब-किताब में बहुत से मुंशी लगेंगे बोलो?" गोरेलाल ने दृष्टि जमा कर, नीचे घाट से दूर जाती एक नाव को देखा। उस पर एक गैस बत्ती भक्-भक् करती जल रही थी, और लाल लौ की लपट, अपनी परछाईं पूरे पानी में बिखेर रही थी। वह पानी में घुलती रोशनी देखते हुए बोला, "अब राजदेव नहीं छोड़ूँगा मैं। नौ बरस की उमर से भटका...खूब भटका...अब कहीं नहीं जाना...। अंत यहीं सुधर जाए मेरा... और बस!"

दूसरे दिन सुबह पंद्रह मार्च था। गोरेलाल ने धोती-कुर्ता और बंडी डटायी, कान से कपड़ा लपेटा और सूरज उगते ही तैयार होकर निकल दिया। आज उसे फुरसत थी। बस-स्टैंड उसे नहीं जाना था। उसका एक मात्र आफिस था, पुरानी टेबिल-कुर्सी, जिन्हें कल रात को ही हाथ ठेले पर लदवाकर घर ले आया था। कितनी मजेदार रही थी, उसकी नौकरी! और उससे ज्यादा मजेदार नौकरी का खात्मा। न लिखा-पढ़ी, न नोटिस, न कोई झंझट! बीस बरस तक वह बस-स्टैंड पर रहा, और एक दिन गोरेलाल 'एजेंट' अस्तित्वहीन हो गया! काफी देर इधर-उधर घूमने के बाद उसके पाँव बरबस ही मोटर-स्टैंड की तरफ मुड़ गये। महज एक उत्सुकता में, कि देखें क्या हाल है वहाँ। जब वह एक अव्यक्त आकर्षण से बँधा-सा वहाँ पहुँचा, तो सभी परिचित मुस्कानों ने उसका स्वागत किया। दिन के बारह बज रहे थे। सवारियाँ हमेशा की तरह ठठ्-की-ठठ् भीड़ मचाये इधर-उधर डोल रही थीं। उसने पता किया, सुबह से चार बसें निकल चुकी थीं। एक स्थानीय, और तीन लंबी दूरी की। सरकारी बसें और नये चेहरे। लंबी दूरी की मोटरें पहले से फुल थीं। और उन्होंने दो-तीन सवारी लेकर सीटी दे दी। स्थानीय बस से जरूर कुछ सवारियाँ गयीं, मगर भीड़ फिर भी बढ़ रही थी। पल्ले पार से आने वाली नाव की खेपें अभी भी भरी आ रही थीं। सवारियों में कुछ परिचित चेहरे उसे ताक रहे थे। उसने मुँह फेर लिया।

कोई उसे पुकार रहा था। उसने मुड़कर देखा, तो वही पुरानी पान बेचने वाली बुढ़िया थी, जो गुहार मचा रही थी, "गोरे भैया, सुबै से बैठी हूँ। बुधवारी बाजार है पालनपुर को बिठरवा तो दै रे...!"

उसने हँसकर कहा, "अम्मा, गोरेलाल की जागीर खतम हो गयी।"

वह मुँह फेरकर खड़ा हो गया। दिन के दो बजे एक बस रुकी। कंडक्टर ने छाँटकर लंबी दूरी के छह आदमी बिठाले। भीड़ भीतर घुसने का प्रयास करने लगी, तो कंडक्टर ने दरवाजा बंद कर दिया। कुछ लोग बहस करने लगे। कंडक्टर टस-से-मस नहीं हो रहा था। गोरेलाल से न रहा गया। वह आगे बढ़ा, और बोला, "ले लो भाई, बाल-बच्चों वाले सुबह से धरना दिए बैठे हैं यहाँ। बिचारे नदी पार के गाँव से आये हैं।"

गोरेलाल ने और आग्रह किया, तो कंडक्टर खीज पड़ा, "हमारा कोटा फुल हो गया...अब बेकायदे काम नहीं चलेगा, समझे? और आप हैंडिल छोड़ दो।...आप हो कौन?" उसने एक तेज सीटी मारी। बस चल दी।

कुछ सवारियाँ निराश होकर लौट गयीं। कुछ लोग हिम्मत बाँध कर स्टेशन के रास्ते चल पड़े। परंतु फिर भी काफी लोग थे। नयी सवारियाँ आती जा रही थीं। आज बस-स्टैंड पर गोरेलाल की आवाज नहीं गूँज रही थी। वह बेचैन-सा इधर-उधर घूम रहा था। पिछली आदत के मुताबिक उसने चाय-नाश्ते से पेट भर लिया था।

एक नयी चमचमाती मोटर काफी दूर से आती हुई दिखी। सवारियाँ उठकर खड़ी हो गयीं। लोगों ने सामान हाथ में ले लिया। स्त्रियों ने बच्चे गोद में उठा लिये। बस की आवाज से वहाँ चहल-पहल मच गयी। बस के नजदीक आते ही सब उसकी तरफ दौड़े। बस धीमी हुई...करीब-करीब रुकने को...। कंडक्टर ने सिर निकालकर पूछा, "कौन-सी जगह है ये?...राजदेव?...राजदेव..."

वह कुछ बुदबुदाते हुए एक छपी हुई डायरी पढ़ने लगा, और अचानक उसने घंटी बजा दी। यात्रियों की सारी चिल्ल-पों का एक ही उत्तर आया, "राजदेव...? यहाँ हाल्ट नहीं है, इस गाड़ी का। एक्सप्रेस बस है।"

तब तक ड्राइवर ने स्पीड बढ़ा दी। लोग अवाक्-से, मुँह बाये, गर्दन पोंछते, धूल फाँकते खड़े रह गये। रात होते तक एक मोटर ने कुछ सवारियाँ लीं, मगर उतने से क्या होने वाला था? कुछ नये भी आते जा रहे थे। तथा पहले के यात्री तो मौजूद थे ही। गोरेलाल एक अपमान, क्रोध और असहायता-सी महसूस करता, मुट्ठियाँ भींचे चक्कर काट रहा था। भीड़ में अपने-अपने तरीके से बातें हो रही थीं।... अंतहीन, निष्कर्षहीन बातें...। सारी किड़मिड़ाहट और लाचारी शब्दों में पिघलकर बह रही थी...और वे कर भी क्या सकते थे? परंतु गोरेलाल, जो हमेशा कुछ-न-कुछ बोलता रहता था, आज चुप था। उसके मस्तिष्क में चक्कर काट रहे थे वे शब्द, जो उसने कभी नहीं सुने थे..."आप हैंडिल छोड़ दो...आप हो कौन?...राजदेव? ऐसे नाम का कोई हाल्ट नहीं है, इस गाड़ी का...।"

गोरेलाल तेजी से एक कोने में चल दिया, जिस ओर काफी अँधेरा था। घंटे-भर बाद जब वह स्टैंड पर लौटा, तो गहरे नशे में था। अँधेरे में नाव-घाट की रेत में चल रहे, दबे-छुपे अड्डे से वह पीकर आ गया था। गोरेलाल अब झूमता-सा बेमतलब चिल्लाने लगा। दुकान वाले, होटल वाले और उसके परिचित आदमी उसकी मनःस्थिति समझकर उसे बार-बार घर की ओर ढकेल रहे थे, मगर वह जाने को तैयार नहीं था। सवारियों पर नजर मारकर वह चीखा, "ये लोग कब तक इंतजार करेंगे? रात-भर यहीं काटना है? दस बजे के बाद नाव बंद हो जाएगी।...कोई मजाक है? औरतें हैं...बच्चे हैं... बूढ़े-ठूढ़े हैं, और मोटरें धूल उड़ाती गुजर रही हैं!...अरे बोलो...कोई तो बोलो...सबको साँप सूँघ गया है?"

कुछ समय बाद एक मोटर की घरघराहट से सबका ध्यान खिंच गया, गोरेलाल अँधेरे में आँखें गड़ाकर देखने लगा। कुछ क्षणों में हेडलाइट दिखने लगी...। चकाचौंध जो बढ़ती जा रही थी। लाइट्स और ओवरहेड की झिलमिल रंगीन रोशनी...। सब यात्री फिर झोला-झंगर, गठरी, पेटी और बच्चों को सँभालकर आशा-भरी नजरों से देखने लगे...। झिलमिल रोशनी और हेडलाइट्स की चमक बढ़ती जा रही थी। शायद यह बस रुके! शायद वे बिठा लें...! शायद...! किसी सुदूर स्थित महानगर के वैभव और श्रेष्ठता का यह जीवंत अंश भी एक क्षण लिए, रीती आँखों में सतरंगी सपने झुलाता, इन्हें चमत्कृत करता...इस अँधेरी गुमनाम बस्ती से...सर्र से गुजर जाए; और वे सब इसके पीछे भागती कसैली हवा का तीखापन, स्वाद में घोलते मुँह बाये खड़े रहें। रोशनी की चकाचौंध बढ़ती जा रही थी।

अचानक झूमता-झामता गोरेलाल दोनों हाथ उठाये सड़क पर आ गया और पूरी ताकत से चिल्लाया, "गाड़ी रोको!" लोगों के मुख से, आश्चर्य से चीख निकल पड़ी। गाड़ी तेज रफ्तार में थी, और गोरेलाल हाथ उठाये बीच सड़क पर खड़ा था।

ड्राइवर ने पूरी शक्ति ब्रेक पर लगा दी। बस को एक जोरदार झटका लगा, और घिसटती हुई गाड़ी, गोरेलाल के बिलकुल पास आते-आते रुक गयी। ड्राइवर बुरी तरह गुस्से में बड़बड़ाता, गालियाँ बकता नीचे उतरा, और गोरेलाल को झिंझोड़कर तीन-चार हाथ जमा दिये। गोरेलाल गिर पड़ा, तो उसने घसीटकर एक किनारे कर दिया। वह बड़बड़ा रहा था, "साले...मरने को यही गाड़ी मिली थी...? पहले दिन इस रूट पर निकला, और आज ही कलंक लग जाता। चले आते हैं, शराबी...साले... शराबी...!" कंडक्टर उसका समर्थन कर रहा था। इस बीच चार-पाँच सवारियाँ भीतर घुस गयी थीं, जिन्हें झिड़ककर नीचे उतार दिया गया। कंडक्टर बेरुखी से बोला, "लंबे रूट की गाड़ी है... बिला हाल्ट के सवारी नहीं लेंगे...। नीचे उतरो...राजधानी एक्सप्रेस में घुसे आ रहे हैं...गँवार!" गोरेलाल नयी लकदक गाड़ी पर प्यार से हाथ फेरता, उससे चिमटा हुआ बुदबुदा रहा था, "एक बार सौतेली माँ ने मारा था मुझे... हिचू...उसके बाद आज मारा मुझे!" वह फूट-फूटकर रोने लगा। उसे अलग खींचकर, कंडक्टर ने सीटी बजा दी। शीघ्र ही झिलमिलाती सतरंगी दृष्टि आँखों से ओझल हो

गयी। सवारियाँ पूरी तरह निराश होकर अब इधर-उधर खिसकने लगीं। कुछ नावघाट की ओर, कुछ बस्ती की ओर।

गोरेलाल को जबरन एक बेंच पर बैठा दिया गया था। वह बकताझकता और नशे के अतिरेक में रोता बैठा था। रह-रहकर वह चिल्ला उठता, "अब कसम ले लो, जो इस बस्ती में रहूँ...। सब खतम हो गया...! अरे, गोरेलाल को क्या फिकर? जनम-भर गड्ढा खोद कर पानी पिया है। इस बस्ती का अन्न-पानी खतम हो गया...जनम भर गँवा के पता लगा, ये ट्रांसपोर्ट का धंधा सबसे ओछा है...सबसे दोगला...। अरे, दूध की मक्खी जैसा छिटक के फेंक दिया मुझे!...ये धंधा, ये रोजगार, बस्ती, गाँव, लानत है सब पै...कसम ले लो, जो यहाँ रहूँ...। जहर खा मरूँगा...डूब मरूँगा...वरना चोरी-डाका डाल के रह लूँगा...भीख का कटोरा उठा लूँगा, मगर जीते जी यहाँ का मुँह नहीं देखूँगा...स्टेयरिंग पकड़ने वाले हाथों को पूजा है मैंने, बालापन से...। और आज उन्हीं हाथों ने मारा मुझे...? बाकू...बिरधा...पालनपुर... मोगरा...सिंगपुर...पाली...मुड़िया-खेड़ा...खेल खतम, पैसा हजम।" गोरेलाल जोर-जोर से रोने लगा। टेकचंद ने करुण दृष्टि से देखा उसे। गैसबत्ती बुझाकर दुकान में ताला बंद किया, और लगभग खींचते हुए उसे उसके घर की ओर ले जाने लगा। गोरेलाल के पाँव डगमगा रहे थे, और वह बार-बार मुड़कर सुनसान पड़े बस-स्टैंड को हसरत से देखता जा रहा था।

अभी भले तेज गर्मी पड़ रही हो, मगर शीघ्र ही बरसात शुरू होने वाली है। दो राजधानियों को जोड़ने वाली प्रमुख सड़क पर ज़गह-जगह मरम्मत का कार्य चल रहा है। राजदेव बस-स्टैंड के आगे ठेकेदार के आदमी सड़क के गड्ढों में मिट्टी-डामर वगैरा भर रहे हैं। मजदूरों की ढिलाई देखकर एक बूढ़ा आदमी रह-रह कर चिल्ला पड़ता है। यह गोरेलाल है; जो ठेकेदार के यहाँ पाँच रुपया रोज पर मुकादम है। एक-दो माह बाद उसे एक रुपये की बढ़ोतरी मिलेगी। वह खीज रहा है, "जरा चुस्ती दिखाओ रे। यहाँ लेवल बराबर नहीं आया...। दो लाख की गाड़ी सर्राटे से निकलेगी, तो जरा दचका नहीं आना चाहिए...समझे?...वरना फिर गोरेलाल 'ठेकेदार' के खड़े रहने से फायदा क्या?"

आदमी

ठीक से पता नहीं, वह कब पैदा हुआ था।

हाँ, जब उसकी माँ अंदर प्रसव से कराह रही थी, तो बाप झोंपड़े के बाहर झिलंगी चारपाई पर नशे में चूर पड़ा था। उसके रोने की पहली आवाज पर बड़बड़ाते उसके बाप ने ढेर-सा कफ थूककर कहा था, "एक पिल्ला और हो गया।" पिल्ला शायद पहला विशेषण था, जो उसे मिला था। दस-बारह साल की उम्र तक वह उस गंदी बदनाम बस्ती के कीचड़ मिट्टी में खेलता, सिर्फ अपने जबड़े और रीढ़ की हड्डी मजबूत करता रहा।

इसी उम्र में वह पहली और आखिरी बार एक दिन स्कूल गया। तभी उसने पहली बार शराब पी, ट्रेन के डिब्बों से शीशे चुराये, और वे सब काम किये, जिनसे उसकी बस्ती में, उसकी उम्र के लिहाज से इज्जत मिलती गयी।

एक झगड़े में उसे भागते समय एक पत्थर कान पर लगा, और वह लहूलुहान हो गया। टपकते लहू की परवाह किये बगैर वह भागता रहा। तभी उसने सुना... कमीने, कुत्ते...! अगर वह अपनी गली में न होता तो 'कुत्ता' शब्द पर एतराज लेता। वह दोस्तों के बीच अपने आप को टायगर कहलाना चाहता था, और वे पीठ पीछे उसे 'टामी' कहते थे। एक दिन उसके प्यारे बाप ने बिठलाकर उसे टटोला। बाँह की मछलियाँ देखीं। पीठ पर धौल जमाया और कंधा झकझोरा। उस समय वह खुशी से फूल गया। उसके बाप ने लाड़ से कहा, "तू तो काफी बड़ा हो गया है रे!...पूरा का पूरा बैल...बैल क्या...साँड...बोल रिक्शा चलाएगा?"

रिक्शा चलाते, उसके पुट्ठे की रगें उभर आयीं, बाँहों की मछलियाँ उभर आयीं।, कलाई की नसें उभर आयीं, सीना उभर आया। वक्त बीतता गया।

एक दिन इलाके के गुंडे ने प्यार से चपतियाते हुए उसकी बाँह जोर से झटक दी, और हँसकर कहा, "कैसा है बे...'गधे'!" गधा शब्द इतने प्रेम से कहा गया था, कि बड़ा अच्छा लगा। हालाँकि एक हफ्ते तक उसे हाथ की सिंकाई करनी पड़ी। हादसा हुआ एक और। किसी अँधेरी गली से दो बजे रात को जनानी सवारी, बदनाम होटल तक पहुँचाने से उसने इनकार किया। शायद कुछ ऊँचे स्वर में वह चीखा भी, कि औरतों की दलाली नहीं करेगा। कुछ तकरार के बाद, एक तेज पैना छुरा उसकी पसलियों में उतरता चला गया और कोई फुसफुसाया..."उल्लू के पट्ठे...जा और चिल्ला...!"

उसे होश आया, तब अस्पताल के बिस्तर पर लावारिस जैसा पड़ा था। घाव गहरा था। टाँके लगे, और उसने वे पूरी तरह ठीक होने के पहले छुट्टी ले ली। पेट भरने का सवाल था। छुरा जहाँ तक उतरा था, भूख शायद उससे ज्यादा गहराई की चीज थी।

फिर रिक्शा चलाते उसके टाँके टूट गए। घाव सड़ता ही गया। एक दिन सड़क के किनारे वह पड़ा, बुरी तरह कराह रहा था। अस्पताल से मौत के बीच काफी लंबा फासला था। वहीं सारी भिनभिनाहट के बीच, एक अजनबी स्वर उभरा..."चले आते हैं साले!...सड़क पर कीड़े-मकोड़े की तरह मरने..."

वहीं वह घिसट रहा था, तो किसी ने छन्न से एक सिक्का उसकी तरफ उछाल दिया। वह भिखारी...? मारे गुस्से के आँखों में आँसू आ गये।

सिक्का देने वाला कह रहा था, "देखो, एक तो भीख दी...और कैसा फुफकार रहा है, साँप जैसा...!"

किसी ने समर्थन किया—"हाँ...हाँ...इन जानवरों को कितना भी हँका लो इधर ही मरते हैं। मान लो, कोई 'फोरनर' देख ले, तो क्या इमेज बनेगी हमारी?"

..."दीज डर्टी स्वाइंस शुड वी किक्ड्, समवेयर अंडर ग्राउंड...।"

मरने के ठीक पहले आखिरी शब्द उसके कान में पड़े...'देखो, कैसा केंचुए-सा बिलबिला रहा है...ये गंदगी उठवाकर अस्पताल में फिंकवा दो।' और उत्तर मिला..."थोड़ा ठहरो...। अब अस्पताल की नहीं म्युनिसपालिटी वालों की जरूरत है...।"

वह मर गया। और उसी क्षण सब कुछ बदल गया। भीड़ ठठ्-की-ठठ् जमा हो गयी चारों ओर।...एक आदमी मर गया...आदमी की मौत...लावारिस लाश...! बातें...और सैकड़ों बातें...! भूख के खिलाफ...अव्यवस्था के...एक आदमी ने सड़क पर तड़फ-तड़फ कर जान दे दी!...मजाक है...? इतनी भीड़...इतनी भीड़... इतनी तो शायद 'मक्खियाँ' नहीं थीं, उस पर। फोटोग्राफर्स जुड़ गए...। संवाददाता जुड़ गए।...नेता, धर्मात्मा, आलोचक, दयालु, सज्जन, देवता...सब जुड़ गए। पुलिस ने लाश कब्जे में कर ली।

दूसरे दिन भाषण...विरोध...वक्तव्य, विश्लेषण, जुलूस...अखबारों की सुर्खियाँ...सब जगह एक ही चर्चा थी। एक लावारिस आदमी की मौत...? एक आदमी ने तड़फ-तड़फ कर सड़क के किनारे दम तोड़ दिया...! हद हो गयी! आदमी...आदमी...आदमी...!

और वह?

जो मर गया था...?

उसने अपनी पूरी जिंदगी में अपने बारे में सुना था...सिर्फ पिल्ला, सूअर...बैल, गधा...कीड़ा-मकोड़ा...साँप, केंचुआ...स्वाइन...?

वह क्या जानता था, कि विकासवाद नाम की चीज होती है, और जिसके अतिंम चरण में, कीड़ा-मकोड़ा या जानवर से बदतर रहने के बाद भी एक दिन वह 'आदमी' बनेगा—ठीक अपनी मौत के दिन।

अगर उसे पता होता, कि आज फलाँ तारीख को, फलाँ जगह उसे सिर्फ 'आदमी' समझा और कहा जाएगा, तो वह एक दिन...सिर्फ एक दिन और न जिंदा रह लेता...?

चोर

आज मेले का सबसे ज्यादा भीड़ भरा दिन था। पूर्णिमा-स्नान का मौका था। नर्मदा और तवा के इस पवित्र संगम पर ठठ्-के-ठठ् भीड़ के रेले उमड़े आ रहे थे। आदमियों का समुद्र-सा उतरा रहा था। कतारों में सजी दुकानें, ठेले, गाड़ियाँ, तंबू और नाटक, नौटंकी बाइस्कोप वालों की चहल-पहल से साल-भर वीरान रहने वाली जगह, रौनक हो गयी थी। पूरा वातावरण भयंकर शोर-गुल, चीख-पुकार और लाउड-स्पीकरों के शोर से गूँज रहा था।

इस भयंकर भीड़-भाड़ में निपट अकेला घूमता बंसी, अपना शिकार तलाशता इधर-उधर जानबूझकर धक्के खाता घूम रहा था। हर बार वह नदी-घाट के ऊपर कगार पर बने अस्थायी बस-स्टैंड तक आता, और भीड़ के रेलों में घुसकर नदी-तट तक आता। उसका हुनर दिखाने का कमाल ऐसी ही भीड़-भाड़ में संभव था। बाँसों के बैरियर बनाये गये थे, ताकि कुछ कंट्रोल रह सके। मगर श्रद्धालु भक्तगण तो 'भव-सागर' के बंधन काटने को उतारू थे, बाँसों के रोके भला रुकते? थोड़ी ही देर में बैरियर टूट-टाट गए, और धक्का-मुक्की मच गयी।

बंसी के लिए यही मौका बढ़िया था। ऐसी भगदड़ में लोगों को अपना होश रहता है, न दूसरे का।...किसी की जेब कट जाए...झोला-थैला छिन जाए...गहने पार हो जाएँ...कोई कुचला भी जाए, तो कौन रुकता है? हल्ला मचते तक, तो सारा मामला ही सुलट जाता है। चोरी, गुंडई, बदमाशी, दंगा-फसाद, छेड़-छाड़ के लिए सबसे माकूल जगह है—मेला।

वह पास की छोटी-सी बस्ती से 'धंधे' की खातिर आया था। कल रात एक तंबू में घुसने की कोशिश की थी, मगर 'जाग' पड़ गयी थी। किसी तरह भाग पाया था। आज सुबह से एक आदमी का पर्स हाथ लगा था, जिसमें ले-देकर ग्यारह रुपये निकले थे। उसका दिमाग भिन्ना गया था और वह दुखी होकर बड़बड़ाता रहा था, "उँह! सिर्फ ग्यारह रुपये?...कोट-पैंट उठाकर बाबू साहब बनकर घूमते हैं और जेब में...?" मन मारकर उसने पर्स में पड़े कुछ उधारी के बिल, फरमाइशों की लिस्ट वगैरा देखकर, ठंडी साँस भरकर, पर्स जेब में डाल लिया था। उसने फिर भी शुक्र मनाया था कि चलो, कुछ तो हाथ लगा। वरना उसकी जेब में तो सिर्फ एक घिसी हुई खोटी चवन्नी पड़ी थी, जिसे लेने से सुबह एक चाय वाले ने मना करके, हँसते हुए कहा था, "गुरू, ये खोटी चवन्नी कहाँ से ले आये? जाली सिक्का तो नहीं है? और कहीं चलाना भी मत।"

जैसे-जैसे दिन चढ़ रहा था, भीड़ बढ़ती जा रही थी। मोटर, ट्रक, ट्रैक्टर, बैलगाड़ी, पैदल...जैसे आ सकते थे, लोग आते जा रहे थे। तट के पानी में एक डुबकी लगाते, मेले में घूमते हजारों लोगों में बंसी अपना शिकार तलाश रहा था। उसकी निगाहें चेहरे, बदन, कपड़ों से फिसलती जेबों पर टिकतीं, और वह बिल्ली की-सी सतर्कता से चारों ओर देखता। सुबह एक बार धोखा खाने के बाद वह तगड़ा असामी तलाश रहा था; क्योंकि पूरा खतरा उठाकर भी छूछा ही रह जाय, यह बड़े अफसोस की बात थी।

अचानक उसकी निगाहें भीड़ के रेले के किनारे, धीरे-धीरे कदम बढ़ाते एक आदमी पर पड़ीं।...काफी ऊँचा-पूरा रुआबदार आदमी...भरा बदन...बड़ी-बड़ी उमेठी हुई मूँछें...खिचड़ी-बाल...पंपशू...पाजामा...कोसे का घुटनों तक लंबा कुरता...उँगलियों में कीमती नग जड़ी सोने की अँगूठियाँ...गले में दुहरी करके डाली हुई सोने की चेन।...बंसी का निरीक्षण चल रहा था।...वह दोनों हाथ फूली हुई, कुर्ते की जेब में डाले था। एक-दो बार भीड़ में जगह बनाने के लिए हाथ निकाले भी, तो जेबें थपथपाता, इत्मीनान करता रहा। छोटी-छोटी अधमिचीसी आँखों से वह सूक्ष्मता से एक-एक चेहरा देख रहा था। ऊँचा-पूरा इतना कि हजारों की भीड़ में अलग से समझ आ जाए ।

बंसी फौरन निश्चय पर पहुँच गया...यही था उसका शिकार। वह उसके पीछे भीड़ में जगह बनाता चल दिया। वह नदी-तट की ओर धीरे-धीरे बढ़ रहा था। बंसी का दिमाग तेजी से दौड़ रहा था...कौन होना चाहिए...आसपास के किसी गाँव का लखपती किसान लगता है...सोने की अँगूठियाँ...चेन...कपड़े और चाल-ढाल...? ...जेबों की तरफ जैसा चौकन्ना दिखता है...जरूर भारी रकम होगी...। मगर भारी रकम लेकर मेले में क्यों आएगा?...शायद है, पास की बस्ती में बैंक या सराफे के किसी काम से आया हो और वहीं से 'परब-स्नान' के लिए यहाँ आ गया हो...इसका पूरा ध्यान जेब पर है...। बंसी सोच रहा था कि अभी यह चाहे जितना सावधान हो, मगर नदी के किनारे धक्का-मुक्की में जहाँ फँसा तो उसे हाथ की सफाई दिखाने का मौका मिल जाएगा, फिर जब तक चीख-पुकार मचेगी, तब तक वह दूर खिसक जाएगा। एक बार लंबी रकम हाथ लगे तो सारे पाप कट जाएँ।

अब वह नदी के किनारे तक पहुँच गया। बगल में तंबुओं की कतारें थीं, जहाँ फूल-गजरे, नारियल, पूजा-सामग्री वगैरा बिक रही थी। लोग पूजा वगैरा करके किनारे के मटमैले उथले पानी में डुबकियाँ लगा रहे थे। वह आदमी अचानक तंबुओं की कतारों के पीछे तेजी से बढ़ गया, जहाँ एक दूसरा व्यक्ति हाथ का इशारा देकर उसे बुला रहा था। बंसी के पाँव तले की जमीन खिसकने लगी। यह 'शिकार' कहाँ भटकने लगा? वह पीछे लगा, एक तंबू के पीछे झाँककर देखने लगा, कि कहीं रकम 'ट्रांसफर' तो नहीं की जा रही; वरना वह धोखे में रहा आये, और इधर फेर-बदल हो ले।

वे दोनों कुछ खुसफुसा रहे थे, और ऊँचा-पूरा आदमी उँगली से घाट की तरफ कुछ इशारा कर रहा था। दूसरा आदमी ठिगने कद का था, चेहरे पर चेचक के दाग, मगर चेहरा बिल्कुल पत्थर की तरह सख्त, सूखी काया और धँसी हुई-सी आँखें। वह ऊँचा आदमी उसके कंधे पर दोनों हाथ रखे था। अचानक फुर्ती से उसका हाथ जेब में गया। उसने सावधानी से चारों ओर देखा और एक रूमाल में बँधी कोई चीज उस ठिगने आदमी की हथेली में सरका दी। ठिगने ने जरा-सा रूमाल हटाकर देखा और फौरन ढक दिया। उसी एक क्षण में बंसी ने अपनी जगह से उचककर उस 'चीज' की एक झलक देख ली। उसके हाथ-पाँव थरथराने लगे, और आँखों के आगे अँधेरा छाने लगा। वह तंबू की रस्सी थामे, फटी-फटी आँखों से दोनों को जाते देखता रहा, जो शीघ्र ही भीड़ में विलीन हो गये। बंसी अभी भी घबरा रहा था और पसीना पोंछ रहा था। जो चीज उसने एक झलक देखी थी; वह थी—पिस्तौल।

बंसी पसीना पोंछकर सामने आया, और सामने कतार बाँधे जाती भीड़ में धक्के खाने लगा। सामने नदी की धार थी। लोग डुबकी लगा रहे थे। कुछ तैरते हुए उस पार तक पहुँच रहे थे। जय-जयकार, चीख-पुकार और शोर में कुछ नहीं सुनाई पड़ रहा था। श्रद्धालु लोगों के झुंड चले आ रहे थे। बंसी चुपचाप यह सब देखता रहा। तभी शोर तथा हो-हल्ला को चीरती, 'धाँय...धाँय...' की ध्वनि गूँज गयी। भीड़ में बुरी तरह भगदड़ मच गयी। लोग बौराये से एक-दूसरे को धक्के मारते भागने लगे। दूर से कहीं पुलिस की सीटियाँ गूँजने लगीं। बिल्कुल नदी के किनारे से एक लाल धार शुरू होकर फैलती गयी। किनारे के पास ही एक आदमी बुरी तरह छटपटाता पानी में हाथ-पाँव फेंक रहा था। वह जैसे पानी को मथे डाल रहा था। धीरे-धीरे उसकी छटपटाहट शांत होने लगी।

बंसी जान छोड़कर भागता, भीड़ में जगह बनाता, दूर से दूर जाना चाहता था। उसे खुद पता नहीं था, वह कहाँ भाग रहा है। उसकी आँखों के आगे रह-रहकर झूल रहा था...हथेली का रूमाल हटाकर एक झलक दिखती काली 'चीज'...और लाल पड़ते पानी में छटपटाता शरीर।...भीड़ में वह आँखें फाड़-फाड़कर उन दो आदमियों को पहचानने की कोशिश कर रहा था, जिन्हें उसने तंबू के पीछे खुसफुसाते देखा था। वह काफी देर इधर-उधर भटकता रहा।

पूरे मेले में भयंकर भगदड़ और चीख-पुकार मच गयी थी। सामने टेकरी पर तंबू तानकर पुलिस-चौकी बनायी गयी थी। एक भीड़ उसके सामने से दो-तीन लफंगे-से दिखते आदमियों को पीटती थाने की तरफ आ रही थी। उसके हाथ-पाँव काँपने लगे। उसने किसी तरह अपने को सम्हाला। हथेली में पसीना छूट आया। वह मुड़ा और कुछ दूर बने, एक टट्टा घेरकर बनाये गये पेशाबघर में घुस गया। बौखलाकर उसने वहाँ पड़े ईंट के कुछ टुकड़ों के बीच, अपनी जेब का पर्स छुपा दिया, और इधर-उधर नजर दौड़ाता बाहर आकर भीड़ में शामिल हो गया।

जहाँ वारदात हुई थी, उसके पास घूमते कुछ फटेहाल लोगों को घेर-घारकर चौकी के बाहर लाइन से बिठाल दिया गया था। जिसे गोली मारी गयी थी, वह मृत व्यक्ति भी यहाँ लाया जा चुका था। उसका भेजा तरबूज की तरह फट गया है, यह देखकर बंसी काँप उठा। उसकी जुबान सूखकर तालू से जा लगी थी। वह चीख-चीखकर कुछ कहना चाहता था, मगर गले से कोई आवाज निकल ही नहीं रही थी। वह लाइन से उकड़ूँ बैठे उन लोगों को देखता रहा, जो सिर झुकाये आने वाले किसी हादसे की कल्पना से काँप रहे थे।

तभी तंबू के भीतर से एक खाकी वर्दी-धारी अफसर निकला। उसने भीड़ को देखा। उकड़ूँ बैठे थरथराते लोगों को देखा। वह गरजा, "हूँऽऽ! तो ये बदमाश घूम रहे थे आसपास! हद हो गयी गुंडागर्दी की...! लाश के साथ कौन-कौन जा रहे हैं?...ट्रक लग गया?...इन सालों को भी कोतवाली भिजवाओ...छोटे दरोगा हैं ना, मौका-वारदात पे? पंचनामा भी भिजवा दो... और ये?" उसने फिर कतार में बैठे आदमियों पर नजर डाली, "...मार-मार के खाल में भुस भरवा दूँगा...खुलेआम कतल होने लगे...हूँ!" बंसी के मन में जोरों से चीख-चीखकर कहने की जबरदस्त इच्छा उठी, "हुजूर...माई-बाप...ये टुच्चे लोग बेकसूर हैं।...मैं जानता हूँ कातिल को...एक काला-काला-सा मरियल-सा...ठिगना आदमी...उचक के चलता है...माथे पर छुरे का निशान...काला पैंट...सफेद कमीज...गाल पर मस्सा...और सरकार...एक खूब ऊँचा-पूरा रईस-सा दिखता आदमी... बड़ी-बड़ी मूँछें...कोसे का घुटने तक लंबा कुरता...उमर कोई चालीस बरस...हाँ हुजूर...बिलकुल...अरे...?" अचानक उसका विचार-क्रम भंग हो गया। वह आँखें फाड़े सामने देखता रहा।

वही...एकदम वही आदमी....ऊँचा-पूरा...कोसे का वही कुरता...वह चिक उठाकर तंबू के बाहर आया, और अफसर के कंधे पर हाथ रख दिया। कीमती सिगरेट का पैकेट निकालकर अफसर को सिगरेट दी। खुद ली। लाइटर सुलगाया...सुनहरा चमाचम लाइटर...अँगूठी में चमकते नग...?

अफसर ने अपने स्वर को यथासंभव मुलायम बनाया, "ठाकुर साब, हमारे रहते हुए आपके इलाके के आदमी का कतल हो गया। हमें सख्त अफसोस है...खैर...हम कातिल को छोड़ने वाले नहीं...इसके घरवालों को लाश, पोस्टमार्टम के बाद ही मिलेगी ...।"

अफसर ने दाँत पीसते हुए उकड़ूँ बैठे लोगों को घूरा और चीखा, "ये...ये हरामजादे..." अचानक उसकी सिगरेट ओठों से छूटकर गिर गयी, जिसे उसने पूरी ताकत से मसल दिया। वह ऊँचा-पूरा आदमी खिलखिलाकर हँस दिया। दोनों बाँहों में बाँह फँसाये तंबू में घुस गये।

बंसी की रीढ़ में ठंडी सिहरन दौड़ गयी...। अगर वह बेवकूफी में कुछ उल्टा-सीधा बक देता तो...?...नहीं...नहीं...उसने कुछ नहीं देखा...उसकी सात पीढ़ी ने कुछ नहीं देखा... कसम ले लो...! वह फौरन मुड़कर पीछे हटा और जल्दी-जल्दी चल दिया। उसे लगा, कि एक विकृत-चेहरा और तरबूज की तरह फूटी खोपड़ी,

उसे आवाज दे रही है।...मगर वह कुछ नहीं सुन पा रहा...नहीं-नहीं, सब बेकार बात है। उस जैसे दो कौड़ी के आदमी की मजाल क्या जो इतने जबरदस्त आदमी की तरफ उँगली उठाये? मरने वाला तो नरमदा-मइया की गोद में गया, मगर कातिल किसकी गोद में है...?

कुछ देर बाद वह अपनी छुपाई जगह पर ईंट के टुकड़े उलट-पलट कर, पर्स ढूँढ़ रहा था, जिसमें आज की कमाई के मात्र ग्यारह रुपये थे। वह पसीना-पसीना हो रहा था, मगर पर्स का कहीं पता नहीं था।...क्या किसी ने उसे पर्स छुपाते देख लिया था?...कोई चोर...? वह दुखी होकर बुदबुदाया, "यह मेला है...? किसी ने पर्स ही पार कर दिया...! सभी कातिल, डाकू, चोर भरे पड़े हैं...? वाह री किस्मत...!"

वह बाहर आ गया। गला सूख रहा था। सिर अलग दुख रहा था। इच्छा हुई कि आधा कप चाय पिये। जेब टटोली, तो वही खोटी चवन्नी थी। एक दुकान वाला सुबह ही मना कर चुका था, "...गुरू...जाली सिक्का तो नहीं है...?" उसकी आँखों के आगे नाच गया...धूल में पड़ी सिगरेट को अफसर ने किस बेदर्दी से कुचला था और चीखा था, "ये...हरामजादे...!" बंसी के गले में काँटे-से उगने लगे।...साँप निकल चुका है...हवा में लाठियाँ पिट रही हैं...उसने अपनी खोपड़ी सहलाई।...तट के किनारे आकर उसने देखा, कि वारदात की जगह घेर दी गयी है। वहाँ अभी भी कुछ पहरा वगैरा लगा है। लोग अब उस बहाव के पहली वाली लंबी फैली जगह में, डुबकियाँ लगाते जा रहे हैं। बंसी ने मुँह धोकर, वही गँदला पड़ता पानी पिया, और अघाकर डकार ली। जेब की चवन्नी निकालकर नदी में फेंकते उसने जोर से आवाज लगाई, "तेरी लीला सबसे न्यारी...जै हो नरमदे मय्या!"

उसे लगा, वह हर तरह से हल्का हो गया है।

अच्छे दिन

वे घूमते-घूमते स्टेशन की आखिरी कोने वाली बेंच तक पहुँचे, और वहीं ठिठककर खड़े हो गये। उन्होंने पीछे मुड़कर देखा। प्लेटफार्म पर खासी भीड़ थी। सारा शोर-गुल और चहल-पहल यहाँ से एक धीमी भिनभिनाहट के रूप में सुनाई पड़ रही थी। वे आराम से खाली बेंच पर पसरकर बैठ गये और छड़ी भी बगल में टिकाकर रख दी। उन्हें लगा, कि भीड़-भाड़ में थोड़ी देर के लिए दब गयी उनकी चिंता और घबराहट, एकांत पाकर फिर उभरने लगी है। उन्होंने इस अनचाहे बोझ से छुटकारा पाने की कोशीश में व्यग्रता से इधर-उधर देखा। शायद कहीं तसल्ली मिले।...स्टेशन के नाम वाला बोर्ड नया पुत गया था...एक चिड़िया बंद नल की टोंटी से टपकता बूँद-बूँद पानी, अपनी चोंच पर ले रही थी...क्षितिज पर उतरता सूरज, रेल की पाँतों पर फिसलता जा रहा था...सिग्नल पर चढ़ा आदमी बत्ती उजाल रहा था...।

...मगर नहीं...सब बेकार है...। कोई बात उनका ध्यान नहीं बाँट सकती। वह बात फाँस की तरह कलेजे में अटकती है, हर साँस के साथ चुभ रही है...कोई भी चीज उनकी छटपटाहट को दूर नहीं कर सकती। इस चक्रव्यूह से कहीं निकलने का रास्ता नहीं है। वे शायद भीड़-भाड़ में कुछ देर के लिए सब कुछ भुला दें...मगर कब तक? अभी घंटे-भर बाद ट्रेन आएगी, भीड़-भाड़ का यह रेला बह जाएगा, वे अकेले घर लौट जाएँगे। और फिर? ...घर में वही बेधती निगाहें...उनकी पत्नी...बड़ी लड़की लीला, माया, मीनू...विनोद... रवि...घर के मेहमान, उसके साढू रामनाथ और सलहज...। प्रत्येक निगाह से उन्हें बेधता एक ही प्रश्न...? रामनाथ फिर पूछेंगे, "तो क्या तय किया शर्माजी?"

कल ही से शुरू हुआ है यह सब? माया के बारे में कभी सपने में भी सोच सकते थे यह सब? उनके सोच सकने से होता भी क्या? वक्त के हाथों उन्होंने हमेशा ही तो बुरी तरह शिकस्त खायी है। माया वाली बात भी अचानक ही उभर आयी। दोपहर में वे जल्दी घर आ गये थे, छुट्टी लेकर। मेहमानों को पिक्चर दिखाने का प्रोग्राम था, तभी माया की तबीयत फिर खराब हो गयी। पहले तो वे कुछ घरेलू दवाई वगैरह देकर टाल जाते थे, मगर उस दिन रामनाथ जी के जोर देने पर उसे लेडी-डाक्टर को दिखाना पड़ा। लेडी-डाक्टर ने कितनी सहजता से सब कुछ कह दिया था, "यह लीजिए, प्रिस्क्रिप्शन...फल-फूल, दूध दीजिए...घूमना भी फायदेमंद है...लड़की का तीसरा महीना चल रहा है।"

"क्या?..." वे चीख पड़े थे। उन्हें अस्पताल की छत वेग से नीचे धँसती दिखी थी। यदि रामनाथ जी न सम्हालते तो वे गिर पड़ते। माया के आँसू नहीं थम रहे थे। लेडी-डाक्टर आश्चर्य से इतना ही बोल पायी थी, "यू...यू...मीन शी इज...अन-मैरिड...?"

कल दिन-भर घर में कोहराम मचा रहा था। माया की माँ उसे मारने दौड़ी, मगर रामनाथ ने बड़ी मुश्किल से उन्हें रोका। माया की मौसी ने उसे अलग कमरे में ले जाकर घंटों बात की। क्या होना था...? बच्चे सहमे से दिन-भर इधर-उधर घूमते रहे। लीला अपनी छोटी बहन की करतूत के बारे में अपनी माँ से दिन-भर खुसर-फुसर करती रही, और बिना बात के अपने तीनों बच्चों को मारती रही। वे स्वयं सबसे नजरें चुराकर अपने फंड की रसीदों वाली फाइल खोले, एक कमरे में चुपचाप, उसी में आँख गड़ाये रहे। रात को रामनाथ के साथ खाना खाने बैठे, तो पहला निवाला गले के नीचे नहीं उतरा, और वे थाली में आँसू टपकाते बैठे रहे। रामनाथ ने उनकी पीठ पर हाथ फेरा तो फूट-फूट कर रो दिये। रामनाथ चुप करा रहे थे, मगर उनकी हिचकियाँ बंद ही नहीं हो रही थीं,..."भैया, क्या बताऊँ...दुनिया का शायद ही कोई दुख बचा हो, मेरे हिस्से में आने से।...तिल-तिल पर घुला अब तक...मगर एक कलंक लगना बचा था, सो भी अब पूरा हो गया। सपने में तो सोचा होता मैंने, कि मेरी ही औलाद ऐसी निकलेगी...अब किसे मुँह दिखाऊँ...क्या कहूँगा?"

वे थाली से उठ दिये, विनोद कल से स्टिक लेकर घूमता रहा था..."माया, एक बार उसका नाम बता दे...मैं सिर फोड़ दूँगा।" उन्होंने और रामनाथ ने बड़ी मुश्किल से लड़के को शांत किया।...अब यही लाज ढाँकना है...यही लाज मरना है...। मगर बात छुपेगी भला? किस-किस से छुपाएँगे...? अस्पताल की वह लेडी-डाक्टर...? चलो, वह अपरिचित सही, मगर रामनाथ तो साथ थे...। घर की लाज उसके हाथ है...नहीं-नहीं, रामनाथ गंभीर आदमी है।...जल्दी ही कुछ करना चाहिए। रामनाथ खुद सलाह दे रहे थे...इस छोटी-सी बस्ती में जो काम छुपा न रह सके, वही पटना जैसे महानगर में आसानी से निपट सकता है। कुँवारी लड़की का मामला...। रात में ही रामनाथ ने कहा था..."शर्मा जी, अब जो हो गया, उसे तो सुलझाना है ही। ...घर की इज्जत का मामला है। मुझे बिलकुल बाहर मत समझिये...एक-दो दिन और रुकता हूँ मैं। दो-चार हजार का इंतिजाम करके हमारे साथ पटना चलिए। वहाँ प्राइवेट तौर से 'अवारशन्' करा लेंगे, और लड़की रही आएगी वहीं, आखिर उसकी मौसी का घर है। हमें किसी गलत-सलत इलाज से बचना चाहिए, वरना फिर परेशानी खड़ी होगी।"

उन्होंने कल रात-भर एक पल को भी आँख नहीं झपकी। उन्हें लग रहा था, कि वे एक असहाय से कीड़े-मकोड़े की तरह, मकड़ी के जाले में कैद हैं, और जितना छूटने का प्रयास करते हैं, उतना ही उलझते जाते हैं। मध्यवित्त वर्ग के उनके जैसे आदमी की औकात ही कितनी है? ऋण के बोझ से दबी गिरस्ती की गाड़ी किसी तरह से खिंच रही थी। दोनों हाथों की ओट किये, भरसक अपने परिवार को थपेड़ों

से बचाते, उनके पास शेष रह भी क्या गया था—इज्जत और भलमनसाहत के एक ठप्पे के अलावा! यह 'इज्जत' ही तो उनका, द्रौपदी का चीर था, जिसे थामे वे अब तक संघर्ष कर रहे थे। कल ही पड़ोसिन आ गयी थी...अपनापा दिखाते, "क्या हुआ, शांति बहन...? अरे, रोना-पीटना मचा है...? और ये माया कैसी पड़ी है?...कोई 'तार' आया है क्या?" उन्हें दिल पर पत्थर रख के, पड़ोस की उस स्त्री को हँसकर टरकाना पड़ा था। भला उसे कुछ सुगसुगा न लगा होगा?...उसके जैसी औरत, जिसे वे व्यंग्य से 'वायरलेस' कहते थे। एक कमजोर बाँध के उस पार उफनते प्रलय को रोकने के लिए, वे कहाँ-कहाँ हाथ लगाएँगे?

आज वे तैयार होकर भी आफिस नहीं जा पाये। रामनाथ ने कहा भी, "शर्मा जी, आप आफिस तो जाइए। मन दूसरी तरफ लगेगा। फिर रुपयों का इंतिजाम कर लीजिए। जितनी जल्दी हो, उतना उच्छा। आज बात घर में है। कल को छुपेगी तो नहीं। क्या कहें, आप-से सज्जन पुरुष को ये दिन देखना था!"

अब सारी चीजें गौण होती जा रही थीं। प्रमुख बात एक थी—रुपयों का इंतिजाम कैसे हो? पाप, पुण्य, मान, प्रतिष्ठा, बदनामी, कलंक...चाहे जो हो...सभी दैत्य की तरह मुँह फाड़कर एक ही माँग करते हैं...रुपया...? इनके खुले मुँह में रुपया भर दो...चैन की बंसी बजाओ। रुपयों की सीढ़ी पास हो, तो प्रतिष्ठा के कलश पर दस बार चढ़ो-उतरो, कौन रोकता है? न हो, तो खोई इज्जत के नाम रोते बैठे रहो। जहाँ तक रुपयों का प्रश्न है, उन्हें रामनाथ के आने पर, अभी दो-तीन दिन पहले सिर्फ पचास रुपयों के लिए तीन-चार जगह माँगना पड़ा था। और अब प्रश्न था...हजार, दो हजार का!

वे आज सुबह से अपने कमरे में चक्कर लगाते घूमते रहे थे। अभी शाम को घूमने निकलने से पूर्व शांति ने सहमकर पूछा था, "कहीं इंतिजाम करने जा रहे हैं?" "कुछ न कुछ तो करना ही पड़ेगा।" वे नजरें चुराकर चुपचाप यहाँ आ गये थे।...कब तक घूम सकते थे यहाँ?...घर तो जाना ही है।...

एक नव-विवाहित जोड़ा प्लेटफार्म के इस आखिरी छोर तक उनकी नजरों के सामने से गुजरा। वे बड़े गौर से, उन्हें हँस-हँसकर बातें करते देखते रहे। बरबस उनके मुख पर मुस्कान थिरक आयी...कितने खुश है ये लोग...जिंदगी की सारी खुशियाँ अपने में समेटे।...अपने सबसे अच्छे दिनों की खुशनुमा याद इनके दिमाग में महकती रहेगी।

वे सब कुछ भूल कर अतीत के पृष्ठ पलटने लगे, जब विवाह के बाद, शांति को साथ लिए वे इसी प्लेटफार्म पर उतरे थे। एक छोटी-सी खोली बस्ती में किराये पर लेकर उन्होंने गृहस्थी शुरू की थी। तब उन्होंने विश्वासपूर्वक शांति से कहा था—"बस, थोड़े दिनों की मुसीबत है, हमारे साथ। फिर हमारे अच्छे दिन आ जाएँगे। जरा कर्जा पट जाए, और पिताजी रेहन रखा मकान छुड़ा लें, फिर कोई परेशानी नहीं।" शांति का एक ही उत्तर था, "आप मेरे साथ हैं। मुझे और कुछ नहीं चाहिए।"

उनके अच्छे दिनों की तलाश लंबी खिंचती गयी। पिता की मृत्यु, लीला, माया, विनोद, रवि, मीनू का जन्म, माँ की मृत्यु, बच्चों की जवाबदारी, पढ़ाई-लिखाई, खर्चे, परेशानियाँ, शांति की बीमारी...! उन्हें लगने लगा कि सुख, क्षितिज की तरह अस्तित्वहीन कोई चीज है, जिसे दूर से देखते रहना ही उनकी नियति है। वे चाहें जितनी भाग-दौड़ करें, उसे पा नहीं सकते।

लीला की शादी में वे गले-गले तक कर्जे से डूब गये। उस दिन जब लीला विदा होकर गयी थी। उन्होंने सोचा था, कि जिम्मेदारियों से मुक्त होने का एक चरणो पूरा हुआ मगर विवाह के पाँचवें बरस ही वह दुर्घटना घटी, जिसमें लीला का पति मारा गया। वह अपने तीन बच्चों को लेकर उनके पास आ गयी। इसके तीसरे दिन उन्होंने ठंडी साँस भर कर कहा, "लीला बेचारी अभागी ही रही..." और कुछ क्षण रुककर वे बोले, "...मगर मेरी छाती पर भार बनकर नहीं आयी...सब अपने-अपने भाग का खाते हैं।" उन्होंने आफिस-टाइम के बाद एक थोक की दुकान पर साठ रुपये महीने में हिसाब-किताब देखना चालू कर दिया। उन्हें महसूस हुआ था, कि यह सब अस्थायी परेशानी है। विनोद नौकरी करेगा, तो सब ठीक हो जाएगा। दो कमाने वाले होंगे, गिरस्ती की गाड़ी मजे से चलेगी। विनोद दो बार मैट्रिक में फेल होकर आखिर घर छोड़कर भाग गया। शांति ने खाट पकड़ ली वे पागलों की तरह शहर की खाक छानते घूमते रहे। चार माह बाद एक दिन भूखा-प्यासा, कृशकाय शरीर लिये विनोद लौट आया। वे एक शब्द भी नहीं बोले, लेकिन हर्ष के अतिरेक में रोते बैठे रहे। किसी कोने से आवाज उठी, तो गरज पड़े, "खबरदार, जो मेरे बेटे को कुछ कहा। मेरा बेटा अब बराबरी से जिम्मेदारी बँटायेगा। देखना घर में सोना बरसेगा...सोना। मेरा दीपक...अरे तू तो मेरी आँख के सामने रहा आता...मैं दोनों हाथों की ओट किये रहता...मजाल, जो तुझ तक कोई झोंका पहुँचाता?"

अब विनोद की पढ़ाई छूट गयी। उसकी संगत खराब हो गयी थी। रवि भी उसकी देखा-देखी बिगड़ता गया। उनकी बेंत बच्चों पर उठने लगी। एक दिन रवि ने उनकी आँख में आँख डालकर कह दिया, "ठीक है, और मार लो। विनोद की तरह मैं भी भाग जाऊँगा, तो रोते बैठोगे। आप जरा विनोद को हाथ लगाकर देखो, तो पता चले।" वे अवाक् रह गये। चुपचाप छड़ी फेंककर हट गये। उन्हें मालूम था, विनोद का नाम थाने में दर्ज है। शाम को जिस दुकान पर वे पार्ट-टाइम काम करते थे, वहाँ मालिक से हाथ जोड़कर बोले, "सेठ जी, आप इजाजत दें, तो जो सामान आप फुटकर दुकानों पर भिजवाते हैं, वह काम भी मैं ही कर दिया करूँ। जो आप मुझे देंगे मुझे मंजूर होगा।"

सेठ ने आश्चर्य से पूछा, "मगर बाबूजी, दफ्तर के बाद आठ-नौ तो यहीं बज जाते हैं, आप करेंगे कब?" वे दीनता से गिड़गिड़ा पड़े, "मैं रात में पहुँचूँगा...। सुबह जल्दी ही आ जाऊँगा...बस आप 'हाँ' कर दें।" सेठ क़ी 'हाँ' पर उनकी आँख में आँसू छलछला आये। अब उनके पास प्रत्येक भाव की अभिव्यक्ति के लिए,

चाहे वह क्रोध हो, खुशी हो, कृतज्ञता हो, या दुख हो...सिर्फ एक ही माध्यम था... उनके आँसू।

अभी तक किसी भी दुख ने उन्हें इतना नहीं तोड़ा था, जितना माया वाले हादसे में कल महसूस हुआ। चाहे जितनी तकलीफ, मुसीबत, गरीबी और संघर्ष था, मगर इज्जत पर आज तक आँच नहीं आयी थी। अब तक बुरी से बुरी परिस्थिति झेलते, एक विश्वास-सा उनके मन में जम गया था, कि प्रत्येक हादसा अपने सबसे खराब रूप में उनके साथ पेश होगा। उन्हें कल से यही लग रहा था, कि माया वाली बात लाख छुपाने के बाद उजागर हो ही जाएगी। कल को शादी-ब्याह की बात चलेगी, तो लोग सात परतों में से पाप सूँघ लेंगे। उन्हें डूब मरने को जगह न मिलेगी। लोग उँगलियाँ उठाएँगे, "कौन...? वह शर्मा बाबू...जिसकी बड़ी लड़की आदमी को खाकर छाती पर बैठी है? दूसरी के 'चरित्तर' का डंका ब्याह से पहले पिट गया? ...बड़ा छोकरा हिस्ट्री-शीटर है, छोटा गुंडागर्दी करता घूमता है...छोटी छोकरी के गुन अब देखना...बेचारा...है भला आदमी!"

वे तिलमिला गये। उन्हें लगा, बड़ी से बड़ी गाली जो उन्हें दी जा सकेगी—यही होगी..."बेचारा...भला आदमी!"

वे घबराकर बेंच से उठकर खड़े हो गये। अचानक विक्षिप्त की तरह उन्होंने प्लेटफार्म की भीड़ पर नजर डाली...एक क्षण को उन्हें लगा, यह सारा कोलाहल...सारी भीड़...चिल्लाकर...ठहाका मारकर, उनका उपहास कर रही है।...वे...सबकी दया...सबके मजाक और भर्त्सना के केंद्र हैं...। दूसरे क्षण वे चैतन्य हो गये...ट्रेन के आने की घंटी बज चुकी थी। सारी आदमरफ्त उसी की थी।

छड़ी टेकते धीमे कदमों से चल दिये। उनकी विचार-श्रृंखला फिर जुड़ने लगी... माया का प्रश्न...दो हजार रुपये...परिवार की इज्जत...कौड़ी-कौड़ी को मोहताज होते वे...। इस जिंदगी से तो मौत अच्छी।...मौत जो एक झटके में सारी समस्याएँ समेट लेगी।...

उन्होंने सिर को एक झटका दिया...हाँ, सारी समस्याएँ...सारे प्रश्न मुँह बाये खड़े हैं...रुपया...रुपया...? सबसे निरर्थक वस्तु है, तो वे स्वयं। अभी पिछले माह आफिस में उन्होंने स्वयं एक कर्मचारी का हिसाब बनाया था, जिसकी मृत्यु हृदय-गति रुकने से हुई थी...भविष्य-निधि...तात्कालिक सहायता...सामूहिक बीमा...कर्मचारी-सुरक्षा-निधि...सहायता-फंड, जीवन-बीमा...ग्रैचुइटी...लड़के को नौकरी...।...

उन्हें उसी क्षण लगा, कि जैसे सारी समस्याओं का समाधान चुटकी बजाते उनके हाथ में आ गया है।...अब और अधिक झेलने की सामर्थ्य उनमें बिलकुल शेष नहीं है।...वे कहीं कुछ नहीं बदल सकते...किसी समस्या का निदान उनके पास नहीं...। अब सारी मुसीबतों, कष्टों, यंत्रणाओं और अपमान-बोधक स्थितियों का एक ही उपाय है...हाथ झटककर, समस्याओं से हट जाना।...और वे भला किसी को निराधार छोड़कर जाएँगे...? तीस बरसों तक वे परिवार को वह संरक्षण देने में

असफल रहे, जो शायद आज उनके बगैर मिल जाए...। और अब जीते-जी परिवार की इज्जत पर कलंक लगते देख लिया...अब क्या बचा है?...

वे आगे बढ़े...ऐन सामने ट्रेन आ रही थी। प्लेटफार्म पर भगदड़ मची थी, मगर इस छोर पर इक्का-दुक्का आदमियों को छोड़कर कोई न था। वे छड़ी पर वजन टेके, प्लेटफार्म के किनारे पर खड़े थे। सामने से आते इंजिन को वे सम्मोहित से देख रहे थे...उस पर बना एक चमकदार सूरज उन्हें अपनी ओर खींच रहा था...अब कुछ शेष नहीं...। शांति...सिर्फ शांति...। उनकी आँखें बंद हो गयीं। छड़ी पर भार डाले वे झुके...इंजिन की तीव्र सीटी...और अचानक उभरा शोर, उनके कानों में सुनाई नहीं पड़ा।...वे झुकते गये...झुकते गये...

अचानक उन्हें जोरदार झटका लगा। कोई उन्हें पूरी ताकत से घसीट रहा था। चश्मा, छड़ी दूर गिर गये थे। उनकी चेतना लौटी, तो उन्हें महसूस हुआ, कि उनके चारों ओर ठठ्-की-ठठ् भीड़ जमा है। एक खाकी कमीज पहने वेण्डर उनकी बाँह पकड़े जोर-जोर से कुछ चिल्ला रहा था। ट्रेन स्टेशन पर रुकी थी।

उन्हें वेटिंग-हाल में लाया गया। भीड़ कुछ समय बाद छँट गयी। कुछ पुलिस वाले, रेल-कर्मचारी, कुली और वह वेण्डर उन्हें घेरे बैठे थे। वेण्डर और एक कुली के बयान लिये जा रहे थे, जिन्होंने उनकी 'आत्महत्या की कोशिश' को नाकाम कर दिया था।

कुछ समय बाद घबराये से उनके साढ़ू भाई रामनाथ ने कमरे में प्रवेश किया। सब कुछ जानकर कुछ क्षण तो वे जड़ बने खड़े रहे। मगर शीघ्र कुछ सोचकर पाँच मिनिट के लिए, उन्होंने अपने साढ़ू शर्मा जी से बात करने की इजाजत माँगी, और उन्हें साथ लेकर बाहर आ गये।

बड़े क्षोभ से रामनाथ बोले, "शर्मा जी, आपको इतनी जल्दी धीरज नहीं खोना था। खैर जो हुआ, उसे भूलिये। आपके खिलाफ 'अटैम्प्ट-टु-सुसाइड' का केस बन रहा है। परेशानी में फँस जाओगे। मामला अभी निपटना चाहिए। रुपयों की जरूरत है। कुली और वेण्डर का बयान भी बदला जा सकता है। मगर जल्दी......हजार-पाँच सौ की व्यवस्था हो सकेगी?"

उन्होंने निराशा से सिर हिला दिया।

रामनाथ जी फिर बोले, "बहुत जरूरी है, और बहुत जल्दी...। मैं अभी कार्यवाही रुकवाकर, शांति दीदी की चेन और लॉकेट ले जाकर, इंतजाम करता हूँ। अभी कोई स्टेटमेंट मत दीजिएगा।" रामनाथ इधर-उधर कुछ कानों में खुसफुसाते, तेज कदमों से चल दिये।

वे चुपचाप सिर झुकाकर बेंच पर बैठ गये। करीब दो घंटे बाद जब वे रामनाथ के साथ बाहर निकले, तो काफी हल्कापन महसूस कर रहे थे। वे सोचते जा रहे थे... 'बहुत बड़ी बला टली...मर जाते तो भी...और बचे रहे, तो भी...!...लीला की चूड़ियाँ उधार लेकर माया की समस्या निपटा देंगे...विनोद को कुछ जुगाड़ कर छोटा-मोटा धंधा खुलवा देंगे।...रवि अभी बच्चा है...मैट्रिक होते ही हाथ-पाँव जोड़कर कहीं

लगवा ही देंगे उसे...माया की शादी धूमधाम से होगी।...मीनू तो अभी बहुत छोटी है... जब तक तो उसके भाई लोग ही रुपयों का ढेर लगा देंगे...तब खड़े-खड़े शांति की चेन आ जाएगी...और लीला की चूड़ियाँ। उफ़, वे भी कैसी मूर्खता करनें जा रहे थे...? अभी मरने जा रहे थे।'

...उन्होंने तीस बरस पहले वधू बनकर आयी 'लड़की'—शांति से एक वादा किया था—वह वादा अब जल्दी ही पूरा होगा।...उनके 'अच्छे दिन' जरूर-जरूर आएँगे...। न जाने क्यों कमबख्त, उनकी आँख में, खुशी में भी आँसू आ जाते हैं...। अपनी आँखें पोंछते उन्होंने सोचा।

प्रतिबिंब

वत्सला ने एक बार फिर गहरी नजर साबुन लगे भीगे कपड़ों पर डाली। बस, ये आठ-दस तो हैं ही, अभी धोकर डाल दे, तो फुरसत मिले। कमर में साड़ी का पल्ला खोंसकर, उकड़ूँ बैठ गयी, परंतु निगाह बाल्टी, नल की पतली धार और फिर दीवार पर से फिसलती हुई, खुले दरवाजे पर जा टिकी। अभी उनके आने में थोड़ी देर है। यहाँ से निबट जाए, तो आराम से बैठेगी।

"पर आराम कहाँ?" पूरी ताकत से हाथ की मुँगरी झाग में लिपटी चादर पे दे मारी। साबुन के ढेर सारे बुलबले छिटककर फूट गये।

..."फुरसत तो मरे बाद ही मिल पाएगी।" और उसकी सारी खीज, आक्रोश और विवशता एक 'फटाक' की आवाज के साथ चादर पर बरस गयी। चादर को साफ पानी में डालकर, सीधी हुई थी, कि अचानक वह चौंक पड़ी। दौड़कर आती हुई बेबी उससे एकदम झूमकर लिपट गयी, और गले में दोनों बाँहे डाल अपना सारा भार उसी पर छोड़ दिया।

"अरे, अरे...कइऽऽ सी छोकरी है रे...चल सीधी तो खड़ी हो...क्या बात है?"

"मम्मी, मम्मी..." मारे खुशी के बेबी कुछ बोल नहीं पा रही थी। उसने बढ़कर माँ के कान में अपने ओठ छुआ दिये।

वत्सला ने नकली क्रोध से कहा—"हट पगली, इतनी बड़ी ऊँट सी लड़की और ऐसा लाड़! साफ-साफ बोल तो, क्या हुआ है?"

वत्सला अब बाल्टी से चादर निकाल चुकी थी। उसका एक छोर दबाकर निचोड़ती हुई बोली—"मेरी अच्छी मम्मी, इस साल स्कूल की सोशल-गेदरिंग में मैं डांस करूँगी। सिर्फ पाँच लड़कियाँ चुनी हैं टीचरजी ने, एक मैं हूँ उनमें। मम्मी, मुझे वही दीप-नृत्य करना है।"

उत्साह के अतिरेक में बेबी का गला अवरुद्ध हो रहा था, फिर भी वह चादर निचोड़ती जा रही थी। दूसरा छोर न जाने कब वत्सला के हाथ से छूटकर गिर चुका था।

"ऐं" वत्सला अवाक्-सी खड़ी रह गयी। उसने जोर से बेबी को बाँहों में भींच लिया। साड़ी के छोर से मुँह पर छिटके साबुन के झाग को पोंछते-पोंछते वह अतीत की स्मृति में बहती चली गयी। उम्र के साथ घिसटता वर्तमान, एक क्षण में न जाने किस खिड़की से, अपने बचपन को झाँकने लगा।

...बारह-तेरह साल की वत्सला, स्टेज पर दोनों हाथों में छोटे-छोटे दीप सँजोये, संगीत की धीमी धुन के साथ नृत्य कर रही है। सैकड़ों आँखें उस पर केंद्रित हैं। उसकी सारी चेतना थिरकते पाँव और सधे हाथों में सिमट आयी है।...फिर परदा गिरता है...तालियों की गड़गड़ाहट...शाबाश बच्ची, वेरी गुड वत्सला...माथे का पसीना पोंछती लड़की...प्रथम पुरस्कार लेती वत्सला...

अचानक जूतों की निरंतर पास आती खट्...खट्...उसे झटके से वर्तमान में खींच लायी—"वे आ गये।"

उन्होंने आते ही चीखना शुरू कर दिया—"वाह, अभी तक कपड़े ही धुल रहे हैं, खाना कब बनेगा? मैं पूछता हूँ, यह घर है या सराय?"

बेबी ने अपनी दुबली-पतली काया अपनी माँ की ओट में छिपा ली। दाँत से नाखून कुतरते हुए दुबकी हुई, वह अपने पिता का चिर-परिचित रूप देखती रही।

"जी, बस दस मिनट लगेंगे। मगर आप तो..." वत्सला ने पूरी ताकत से जीभ दाँतों तले दबा ली। यह पूछने की हिम्मत नहीं पड़ी, कि आप तो शाम को आने की कह गये थे।....जूतों की आवाज अब दूर होती जा रही थी।

केवल दस दिन बचे थे, बेबी के 'प्रोग्राम' में। 'वे' रात नौ बजे तक खाना खाकर कहीं घूमने निकल जाते। आठ बजे से ही खर्राटे भरने वाली बेबी अब जागती रहती। वत्सला सब दरवाजे बंद करके और खिड़कियों का मोटा परदा ठीक करके बेबी को नृत्य सिखाती। एक-एक अंग-संचालन, भाव, मुद्रा, ताल और लय बार-बार दोहराती। खीजकर कह उठती—"बेबी, तू क्या करेगी? तेरे दिमाग में तो गोबर भरा है, ठीक से सीखती ही नहीं।" बेबी का प्रत्युत्तर तैयार रहता—"मम्मी, स्कूल में संगीत वाली बहनजी तो कुछ नहीं कहतीं, मगर तुम हरदम डाँटती रहती हो मुझे।"

वत्सला क्या माथा ठोंक ले? "बेबी, तेरी बहनजी को क्या मालूम...अरे देखो तो, यह मेरी छोकरी डांस करेगी स्टेज पर—इसे तो पैर रखने तक का शऊर नहीं। हाथ-पाँव फटकारती है बस। वत्सला की नाक कटायेगी क्या?" बेबी रूठ जाती। फिर मान-मनौवल के एक दौर की इति खिलखिलाहट पर होती।

समय कम रह गया था। पाँच...चार...दो...एक, बस प्रोग्राम का दिन भी आ गया। इतने दिन वत्सला कितने सुहाने क्षणों में जी ली, यह आज अनुभव हो रहा था।

नयी सिगड़ी बनाने के लिए ईंट के टुकड़े तोड़ती वत्सला ने मुग्धभाव से बेबी का हाथ थाम लिया—"नहीं-नहीं बेटी, तू कुछ मत कर आज। थक जाएगी। और देख...सब तैयार है ना? कपड़े वही वाले...देख तू वहाँ भीड़ की तरफ तो देखना ही मत, किसी से भी आँख मत मिलाना, और जरा ठहरकर, पहले म्यूजिक की रिद्म—समझती है ना? लय—पकड़ लेना...। हाथ कितना ऊपर ले जाएगी? ठीक...तेज लाइट की तरफ मत देखना और अंत में नमस्कार...इस तरह हाथ जोड़कर। ...दौड़कर मत भाग जाना, पहले परदा गिरने देना।"

बेबी ने कसकर उसका हाथ पकड़ लिया—"मम्मी, मुझे तो डर लगता है, स्टेज पर कैसा होगा?"

"और लो, इस पगली की सुनो...डर लगता है। मैं स्टेज के ठीक सामने बैठूँगी ...फ्रंट सीट पर, और तेरे पापा भी।...ऐ छोकरी, तेरी मम्मी को जिले-भर में पहला इनाम मिला था। तू स्टेज से क्यों डरेगी भला?" दो वात्सल्यपूर्ण आँखें अपना सारा आत्मविश्वास, दो झपकती हुई, सहमी आँखों में उँड़ेलने लगीं।

शाम के छह बजे बेबी चली गयी। खाना बनाकर वत्सला बैठी थी, पति की प्रतीक्षा में आज सवेरे ही कह दिया था कि जल्दी घर आना। मगर वे जाते-जाते कह गये थे—"बच्चों की नौटंकी में अपना क्या काम?...मगर ठीक है, कहती हो तो आ जाऊँगा।"

घड़ी के काँटे खिसकते जा रहे थे। वत्सला का कलेजा मुँह को आ रहा था। आज क्या हो गया? आखिर सवा आठ बजे वे दो-तीन दोस्तों के साथ आते दिखाई दिये। वह मन मसोसकर भीतर घुस गयी।

"सुनो जी, जरा चाय बनाना।"

उसने ओठ काट लिए। उधर ठहाकों, गप्पों और लंबी खुसफुसाहट का सिलसिला आरंभ हो गया। सब उठकर गये, तब तक नौ बज चुके थे।

वत्सला ने साहस बटोरकर कहा—"चलिये, जल्दी खाना खा लें, फिर बेबी का..."

जैसे आसमान टूट पड़ा—"हाँ-हाँ, इसीलिए मरी जा रही थी। घर तो नरक हो गया है। दफ्तर से थका-हारा आया नहीं, कि हुक्म शुरू। क्या वाहियात बात है! उस छोकरी का फुदकना देखना इतना जरूरी है?"

बाँध टूट चुका था। वत्सला चीख पड़ी—"नहीं दोस्तों के साथ मटरगश्ती करना जरूरी है! हे भगवान्, मुझे कब छुटकारा मिलेगा?..." वह साड़ी का छोर मुँह में ठूँसे रुलाई रोकने का असफल प्रयत्न कर रही थी। पति ने क्रोध से उसकी ओर देखा, और टेबल उलट दी। कप-प्लेट, केतली, गिलास सब गिरकर फूट गये। वत्सला की हिचकी बँध गयी।

आखिर समझौता हुआ। तब तक दस बज चुके थे। मुँह पर पानी के छींटे मारकर आँसुओं के खारेपन की अनुभूति को मिटाती हुई वत्सला शीघ्र तैयार हो गयी। पतिदेव ने खाना खाया।

स्कूल पहुँचने के लिए उन्होंने टैक्सी की। वत्सला अपने देवी-देवता से मना रही थी, कि प्रोग्राम खत्म न हुआ हो। स्कूल पहुँचते ही उसने घड़ी पर निगाह डाली। सामने इमारत जगमगा रही थी। ग्राउंड पर स्टेज बना था, और सजावट ने पूरे वातावरण को नया ही रंग दे दिया था। टैक्सी ठीक गेट पर जाकर रुकी। वत्सला पति से दो क़दम आगे बढ़ चली।

उसके पाँव अचानक थम गये। तभी परदा गिर गया। तेज चमकती रोशनी ने एकदम सारे ग्राउंड को नहला दिया। लोग उठकर खड़े हो गये, और निकलने लगे।

अंतिम पंक्ति की कुर्सी थामे, वत्सला फटी-फटी आँखों से स्टेज की ओर देखने लगी। उसकी दृष्टि गहरे हरे परदे से टकराकर न जाने कहाँ खो गयी थी। पति का हाथ उसके कंधे पर पड़ा—"चलो अब, लौट चलें।" दो बूँद आँसू वहीं टपक गये। वत्सला मुड़ गयी।

लौटने वाली स्कूल-बस के पास दूसरी लड़कियों के साथ खड़ी बेबी ने उसे देखा। वह चीख पड़ी—"मम्मी...मम्मी..." और पापा के सारे आतंक की अवहेलना करती, उससे चिपट गयी। छलकती खुशी ने उसके बोल छीन लिए थे।

थोड़े समय के बाद वह अपने को सँभालती हुई बोली—"देखा मम्मी, मेरा दीपनृत्य तुमने? मम्मी?...कितनी तालियाँ बजी थीं, प्रिंसिपल ने स्टेज पर आकर मुझे शाबाशी दी थी...इनाम दिया था। वाह मम्मी, कमाल कर दिया, इतना अच्छा नाच सिखाया तुमने!"

फिर बेबी ने गहरी साँस खींची।

"मगर मम्मी, तुम बैठी कहाँ थीं? दूसरी लाइन में, कोने वाली कुर्सी पर... शायद...है ना?"

इतनी रोशनी में वत्सला अपने आँसू छिपाये, तो कैसे? मुँह फेरकर गले में अटकता थूक निगलकर बोली—"हाँ, हाँ...मेरी बेटी! मैं और...तुम्हारे पापा वहीं बैठे थे। सामने की सीट पर जगह नहीं मिली।"

और फिर सँभलकर बेबी की पीठ ठोंकते हुए बोली—"वाह भाई वाह, कमाल कर दिया तुमने, कितना बढ़िया नृत्य था तुम्हारा, सब देखने वाले तारीफ कर रहे थे। आखिर बेटी है ना तू...वत्सला की बेटी..."

गले में कुछ अटक रहा था। रुलाई के दबाने के प्रयत्न में वह भटक गयी।

"...और बेबी, तुम्हारे पापा तो इतने खुश हुए...इतने खुश हुए..."

घर लौटकर, फूटे हुए कप-प्लेटों के टुकड़े समेटने में वत्सला इतनी व्यस्त हो गयी, कि बेबी को कहना पड़ा—"मम्मी, मुझे खाना नहीं दोगी?"

—प्रत्येक घिसटे हुए दिन की तरह आज का दिन भी कट चुका था।...वह बेबी में कब तक अपना प्रतिबिंब देखती, बैठी रहती?

उसकी दुनिया

नीचे सड़क पर चीखने और रोने की आवाजें निरंतर बढ़ती जा रही थीं। काफी देर तक मैं यों ही बैठा रहा। दुनियादारी ने इतना तो सिखा ही दिया है। किसी के फटे में टाँग अड़ाना वैसे भी घाटे का सौदा होता है। परंतु जब शोर-गुल नहीं थमा तो मैंने खिड़की खोलकर नीचे झाँका। सामने सड़क-पार की 'उडुपि-होटल' के बाहर भीड़ मची थी। बारह-तेरह बरस का एक छोकरा बिलकुल नंगा खड़ा थर-थर काँप रहा था, और गला फाड़कर पूरी शक्ति से चीख रहा था। पास ही एक आदमी हाथ में लंबी बाँस की कमची घुमाता खड़ा जोर-जोर से गाली बक रहा था। जब चिल्लाते-चिल्लाते वह साँस लेने को रुकता, तो पूरी ताकत से उस छोकरे पर पिल पड़ता, और उसे अंधाधुंध तब तक मारता, जब तक कि वह किसी आहत पशु के समान लोट-पोट होकर क्रंदन न करने लगता। भीड़ में से मिश्रित प्रतिक्रियायें आ रही थीं। कुछ लोग छोकरे को छोड़ देने की हिमायत कर रहे थे। कुछ उसकी सजा का समर्थन कर रहे थे। उडुपि-होटल का मालिक, बड़ी-बड़ी मूँछों वाला मोटा-सा आदमी, चीख रहा था, "तुम अबी, और मारेगा...मारेगा।...क्या जी...? जइसा काम करेगा, वइसा...भरेगा। बीच में नई बोलने का...एई मोटी चमड़ी में बदमाशी भरा ऐ...इसको खींचेगा, तभी छोकरा ठीक होऐंगा...।"

मैं नीचे उतरकर सड़क पर आया, जहाँ भीड़ एक गोल घेरा बनाकर खड़ी थी, और तमाशा देख रही थी। लड़के की चीखें अब धीमी पड़ गयी थीं मगर शरीर पर जहाँ भी चोट पड़ती वह पड़े-पड़े बिलबिलाने लगता। दूसरे पक्ष का उद्देश्य करीब-करीब पूरा हो जाने के कारण लड़के का पक्ष, भीड़ में कुछ प्रबल हो गया था। लोगों ने डाँट-डपट कर मारने वाले आदमी को अलग किया, और उसे पुलिस का भय दिखाया। उडुपि-होटल वाला भीतर ग्राहकों को देखने लगा। वह आदमी अब भी चीख रहा था, "हाँ-हाँ...मारूँगा...साले को चीर कर दो कर दूँगा। मक्कारी करता है?...होटल के कप-बसी इसकी बाप धोएगा...? इसकी हरामजादी अम्मा को घर बिठाला, तो दो बरस में टिकट कटा गयी। पहले खसम की ये औलादें साली...सोचा था, लाइन से लगा दूँ...मगर हराम की कहाँ मिलेगी खाने को? नाक रगड़ साले, सेठ के आगे...अब होटल से भागेगा नहीं।...चल, वरना टाँगें तोड़ दूँगा...।" दो-तीन लोग उसे थामे थे, तब भी वह उछल रहा था।

छोकरा थरथराता हुआ उठा, और जैसे बुरी तरह ठंड से काँपा हो ऐसा कँपकँपाया, और वहीं गिरकर बेहोश हो गया। कुछ देर बाद होटल के दो हट्टे-कट्टे नौकर आये, और उसे लाद कर भीतर ले गये। वह आदमी फिर चीखा, "सेठ...हमने छोकरे को राइट करके तुम्हें सौंप दिया। अब भागे, तो इसको खलास ही कर दो। हमारी तरफ से छूट है।" सेठ हँसा, "हम क्या करेगा जी...छोकरा भागेगा नई, तो राजा जइसा होगा।"

भीड़ छँट गयी थी। वहीं उस लड़के के बारे में पहली बार पता चला। वह होटल में नौकर था। इसके पहले भी वह होटल छोड़कर अपने सौतेले बाप के पास भाग चुका था। हर बार इसी तरह उसे मारते हुए उसका बाप लाता था, और ऐन होटल के सामने छोकरे की 'खास' पिटाई होती थी। लोगों की प्रतिक्रियाएँ पिटाई के बारे में भले ही अलग-अलग हों, मगर इस बारे में सब एक-मत थे, कि छोकरा बदमाश है। लोग कह रहे थे, कि इसका सौतेला बाप होते हुए भी वह आदमी उसकी इतनी 'फिकर' रखता है...इस होटल मालिक सा दयालु दूसरा न होगा, जो खाना-पीना, कपड़ा मुफ्त देकर भी बाप को अलग पैसे देता था।...यहाँ लड़का लाइन से लगा था, वरना चोर-जेबकतरा बन जाता...। खैर, इन सब बातों के अलावा भीड़ को एक अव्यक्त-सा दुख यह भी हुआ था, कि मामला बिना किसी सनसनी के सिर्फ पिटाई और बेहोशी पर खत्म हो गया।

शीघ्र ही उस लड़के से मेरी दुबारा मुलाकात हुई। अक्सर चाय वगैरा के लिए मैं अपनी दूसरी मंजिल की खोली से, सामने होटल पर आवाज लगा देता था। उस दिन वही चाय लेकर आया। वह चाय रखकर लौटने लगा, तो मैंने आवाज दी, "रुको, जरा मैं भी बाहर जा रहा हूँ, कप-प्लेट लेकर जाना।" वह चुपचाप नीचे बैठ गया, और बड़े चाव से एक कैलेंडर देखने लगा।

"क्या नाम है तुम्हारा?" मैंने पूछा।

उसने आँखें उठाईं, और सहज भाव से कहा, "छोकरा।"

"यह नाम है?, प्रश्नों का सिलसिला मैंने प्रारंभ किया।

"जी! सब यही कहते हैं।"

"तुम्हारे बाप ने उस दिन मारा था तुम्हें?"

"...सौतेले बाप ने।"—उसका उत्तर था।

"...क्यों?"

"मैं होटल से भाग गया था...।"

"...क्यों भागे थे?"

वह खिड़की के बाहर ताकते हुए चुपचाप बैठा रहा। मैंने जोर से कहा, "क्यों भागते हो? कैसा पीटा था उस दिन, ज्यादा चोट आती तो क्या होता?"

"मर जाता मैं।" सपाट स्वर में वह धीरे से बोला।

"...तुम कभी स्कूल नहीं गये?"

उसने सिर हिला दिया।

"क्यों?"

वह अचरज से देखने लगा, कि इस बेतुके प्रश्न का क्या उत्तर दे।

"यहाँ काम करना अच्छा नहीं लगता?" मैंने पूछा।

वह धीरे से हँसा, मानों हँसने के अलावा और कोई चारा न रहा हो। धीरे से बोला, "कप-प्लेट ले जाऊँ साब।" कप-प्लेट उठाते समय भी वह उसी कैलेंडर को देख रहा था। अचानक मुड़ा, "एक बात पूछूँ साब। ये कहाँ का फोटो है?"

मैंने उत्तर दिया, "बंबई का।"

"समुद्र किनारे का?"

"हाँ, मेरीन-ड्राइव का। क्यों?"

"समुद्र खूब बड़ा होता है?"

"हाँ।"

"नदी से बड़ा, जहाज वाला समुद्र?...उसके नीचे भी फोटू है?"

"हाँ, देखना है? देखो ये मद्रास का समुद्र, मेरीना-बीच...ये कोवालम् का समुद्र...ये डायमंड हार्वर...ये पांडुचेरी का समुद्र...।"

वह मुँह खोले, आँखें फाड़-फाड़कर एक-एक चित्र देखता जा रहा था।

वह बोला, "हमारा शेठ मद्रास में जहाज में घूमा है। जब कमती दारू पीता है, तो हमको मारता है, जब जास्ती दारू पीता है, तब समुद्र का किस्सा बताता है। साब बंबई खूब बड़ा है ना?"

मेरी ओर से वह आश्वस्त-सा हो चला था, और अब बिना झिझक के बात कर रहा था।

"...हमारा शेठ बोलता है, बंबई में एक हजार होटल है, और दस हजार हमारा जैसा छोकरा है। उधर बंबई में..." अचानक वह चौंक पड़ा। एकदम उठकर, कप-प्लेट उठाकर भागा और दरवाजे से पलटकर बोला, "शेठ मारेगा...देरी हो गयी। ...हमको आप और बताएँगे ना साब्? सचमुच की बंबई जमीन पर ही है ना?...आप दोपहर को चाय बुलाना, तो मैं आऊँगा...।" उसने एक बार फिर टँगे हुए कैलेंडर को देखा, और निकल गया।

इसके बाद वह अक्सर आने लगा। किताबों, पत्र-पत्रिकाओं या कैलेंडर के चित्रों को वह बड़े ध्यान से देखता। दुनिया-भर के ऊलजलूल प्रश्न जो उसकी खुराफाती खोपड़ी में समाते, वह पूछता बैठा रहता। उसके दिमाग में न जाने कैसे बैठ गया था, कि किसी भी किस्म का दुख, तकलीफ, मुसीबत अगर हो सकती है, तो वह यही है, और सुदूर आकाश पर चमकते तारों की तरह दो-चार महानगर, जिनके नाम उसे याद थे, स्वर्ग के सारे के सारे वैभव-विलास, ऐश्वर्य और सुख से

परिपूर्ण हैं।...उसकी कल्पना का यह संसार इधर-उधर सुनी अधकचरी बातों, गप्पों, घुटन और आतंक के वातावरण में उपजे उसके दिमागी फितूरों पर आधारित था।

वह कभी-कभी ढेर सारी असंबद्ध बेतुकी बातें करता बैठा रहता, जैसे...बंबई में बिजली के आदमी हैं...बटन दबाया, खाना हाजिर...बटन दबाया हवा में...पानी में...चाहे जहाँ पहुँच जाओ...सूरज बंबई के पास है, जिससे रात-दिन जगमग रहती है...वहाँ कोई किसी को मार नहीं सकता, डाँट नहीं सकता...पुलिस पकड़ के कालापानी भेज देती है... ।...दिल्ली में एक मीनार है... । चढ़ते जाओ...इतने ऊपर, कि आदमी चींटी जैसा दिखने लगे। चाहो, तो उसे हाथ बढ़ा के मसल दो...मगर उतने ऊपर चढ़ो, तब ना?...वह एक दिन उत्साहपूर्वक बताने लगा, "मैं छोटा था, तब खूब खेलता था—'बंबई' का खेल। हमने अपने झोंपड़-पट्टी में जहाज बनाये थे। पहाड़ बनाये थे, और महल, मीनार, बगीचा, समुद्र, सब बनाये थे। मैं भागता था, और मेरी माँ थी ना...? वो जो मर गयी वो टटोलकर मुझे पकड़ती थी... ।"

"टटोलकर?" मैंने पूछा।

"हाँ, अंधी थी। बोलती थी, अच्छे बच्चे राजा बनते हैं। वो मरी, तो बाप ने इधर होटल में लगा दिया।" वह कुछ देर खिड़की से होटल का बोर्ड देखता रहा, फिर बोला, "अच्छे बच्चे, राजा बनते हैं क्या?"

कुछ देर चुप रहकर बोला, "अभी तो आदमी बनना है। बाप मारता है, तो कोई कहता है— । सड़क पे घसीट के नंगा करके मारता है। जानवर जैसे पिटो, तब आदमी जैसे बनो। पहले तो एक संटी में रोने लगता था साब्, अब कुछ नहीं होता। बस नंगा देख के, खुद को शरम आती है। ...कप ले जाऊँ?...मैं एक साब् की पुरानी किताब में से खूब अच्छे-अच्छे फोटू लाया हूँ...छुपाकर रखे हैं...कल बताऊँगा साब्... ।" और उसने दौड़ लगा दी।

अगली बार वह फिर पिटा। इस बार मारने वाला उसका सौतेला बाप नहीं था, वरन् उसी उडुपि-होटल का 'शेठ' था। वह लात-घूँसे से लेकर जो भी हाथ में पड़ जाता, उसी से धुनाई करता, बस एक ही प्रश्न पूछ रहा था, "बोल भागेगा?...और भागेगा?" लड़का रोता हुआ चीख रहा था, "अब नहीं करूँगा...शेठ...अब नहीं भागूँगा...इस बार छोड़ दो... ।"

जब 'शेठ' मारते-मारते बेदम होकर हाँफने लगा तो किसी नौकर से बोला, "जाओ। इसके बाप को लेकर आएगा, वोई इसको सुधारेगा... । तेरा बाप साल-भर का अडवान्स पइशा ले जाता...तू भागेगा, तो पइशा कौन पूरा करेगा?...आज नई खाना मिलने का समझा।"

वही दो बजे के करीब चाय लेकर आया। चुपचाप दाँत से नाखून खोदता खड़ा रहा। मैंने पूछा, "आज क्या हो गया था?"

वह चुप रहा। उसकी आँखों के नीचे गालों तक आँसू के रेले जमकर सफेद-सफेद पपड़ी-सी लकीरें खिंची थीं। वह रह-रह कर खिड़की से बाहर देखता,

और काँपने लगता। मैंने पुचकारकर कहा, "ले, चाय पिएगा? बता ना, उसने क्यों मारा था? तू बाप के पास क्यों नहीं चला जाता? या फिर भागना छोड़ दे।"

वह चुप रहा।

"अच्छा, मैं सेठ से बात करूँगा।" मैंने कहा।

वह धीमे स्वर में बुदबुदाया, "खूब मजा आता है ना साब्?...पब्लिक नीचे तमाशा देखती है, आप साब् लोग इधर बालकनी से देखता है।...चाय पी लीजिए साब्।"

मैंने एकाएक बात बदलते हुए कहा, "अच्छा छोड़। तूने वो फोटो नहीं दिखाये। एक किताब आयी है, समुद्र के बारे में। जब ज्वार उठता है, तो बीस-बीस फुट ऊँची लहरें समुद्र में...अरे तू रो क्यों रहा है?"

वह आँसू पोंछते बोला, "कप-प्लेट खाली कर दो साब्। देर होगी तो और मार पड़ेगी, तब समुद्र नहीं आएगा बचाने।"

कुछ रुककर उसने आँसू पोंछे और सिसकियाँ लेते हुए बोला, "आप देख लेना, अब मेरी पिटाई बंद हो जाएगी। देखता हूँ अब कौन मारेगा, मेरे को।...साब् वो बंगाली बाबू है ना, दरोगा-साब। वो होटल में किसी को बता रहा था, कलकत्ता में एक आस्मानी झूला है दोनों तरफ धरती...ऊपर आकाश और—नीचे पानी—आपके पास उसका फोटू होगा?...मेरी माँ बतलाती थी, कि एक पुल पूरा का पूरा आकाश में उठ जाता है...नीचे से जहाज जाता है...। अंधी थी ना?...वो कहाँ से देखती? अच्छा अब जाता हूँ...याद रखना आप, अब मैं पिटूँगा नहीं।"

वह ठीक ही कह रहा था। दो-चार दिन वह दिखा नहीं। उसके बाद दूसरे चाय लाने वाले से पूछा तो उसने बेरुखी से कह दिया, "हमको नहीं मालूम साब।"

होटल में पता किया तो होटल का मालिक हँसकर बोला, "अइशा छोकरा लोग का क्या भरोसा जी? जिस दिन वो भागा, हम उसके बाप को बता दिया। बाप ढूँढ़ा होगा, ना मिला होगा। मिलता तो ले आता। क्या करेगा जी? हमारा सत्तर रुपया का घाटा हो गया। शाला, ...माँ के पेट से दौड़ लगाता निकला था...हा...हा..." उसके पीले, चाँदी मढ़े दाँत चमक उठे।

एक उसके न रहने से क्या फरक पड़ना था? मैं उसी तरह बालकनी से आवाज देकर अपनी खोली में चाय मँगाता रहा। उडुपि-होटल का चमचमाता साइन-बोर्ड उसी तरह ग्राहकों को खींचता रहा। होटल से आती, एक लयबद्ध खड़खड़ाहट और शोर उसी तरह सुबह चार बजे से रात के बारह बजे तक जारी रहा। भीड़, अब छोकरे की पिटाई भूलकर एक पागल भिखारिन की छेड़-छाड़ का आनंद लेने लगी थी, जो सब कुछ ढँकने के प्रयास में, अनावृत हो जाती थी।

करीब छह माह के बाद वह फिर दिखा। मैं व्यस्तता में, चौराहा पार करने के लिए ठिठका था, तभी तीव्र सीटी जैसी ध्वनि आयी, "ऐ ऽऽ साब...साहब जी...

इधर...इस तरफ...।" मैंने उस कोने में नजर दौड़ाई। वहीं वह एक पटिये पर चार पहिये लगी गाड़ी में बैठा था। एक दस-ग्यारह बरस की लड़की उस पटिया-गाड़ी की रस्सी थामे थी। उस छोकरे के दोनों पैर घुटने के ऊपर से कटे थे, और पट्टी के बावजूद एक जगह मक्खियाँ भिनभिना रही थीं। वहीं एक अल्युमीनियम के डिब्बे में कुछ सिक्कों की छोटी-सी ढेर लगी थी।

वह खिलखिलाकर हँसा और बोला, "नमस्ते साब...आप भूल गये मेरे को? वो उडुपि-होटल वाला 'छोकरा'...।" मैं जड़वत् खड़ा रह गया। मुँह से एक शब्द भी नहीं निकला। वह अपनी गाड़ी को दोनों हाथों से थामे बैठा था।

बड़ी कठिनाई से मेरे बोल फूटे, "यह...यह तुम्हें क्या हो गया?" वह मानो खुशी से उछल रहा था, "मैं होटल से फिर भागा था साब्। इस बार सोच ही लिया था सीधा बंबई या कलकत्ता जाऊँगा, बस...फिर बाप किधर से पकड़ेगा? आपको मालूम है, अपनी बस्ती से स्टेशन चौदह मील है। मैं लुकता-छिपता भाग लिया, स्टेशन पर एक रेल दिखी, उसमें बैठ लिया। उधर होटल वाले ने मेरे बाप को खबर दी। उसे न मालूम कैसे पता चल गया था। स्टेशन आया और डिब्बा-डिब्बा तलाशने लगा। एक-दो स्टेशन बाद वो मेरे वाले डिब्बे में चढ़ा। मैं डर के मारे चलती रेल से कूद पड़ा साब...सौतेला बाप है ना साब...इस बार पकड़ लेता, तो चमड़ी में भूसा भर देता...।" वह हँसते हुए रुका, और मजे में बोला, "फिर क्या? रेल के पहिये से दोनों पैर 'छक्क' हो गये। थोड़े रेल ने काटे, थोड़े डाक्टर ने। होटल से छुटकारा मिला। अब बाप भी कुछ नहीं कहता। साब, मजे ही मजे हैं। ये मेरी बहन है छोटी...राजा की सवारी पूरे शहर में घूमती है...। माँ बोलती थी...अच्छे बच्चे, राजा बनते हैं...है ना? मैंने आपसे कहा था, अब मैं कभी नहीं पिटूँगा...।"

उसकी छोटी बहन उसे करुण दृष्टि से देख रही थी। वह एक ठहाका लगाकर बोला, "अब कहीं आप मुझे भीख मत दे देना। आपका और मेरा दूसरा रिश्ता है..।" उसने सावधानी से चारों तरफ देखा। चौराहें की मोड़ अपने में मगन थी। उसने खुसफुसाकर कहा, "आपको एक चीज दिखाता हूँ...किसी को पता न चले ...देखिये साब्।"

उसने अपनी पटिया-गाड़ी के नीचे से एक बोरी और कथड़ी हटाकर पुराना कटा-फटा रजिस्टर निकाला। रजिस्टर किसी जमाने का उडुपि-होटल का उधारी-खाता था।

मैं नीचे झुककर देखने लगा। वह उत्साह के अतिरेक से पन्ने पलट-पलट कर, उसमें चावल या लेई से चिपके फोटो दिखाने लगा, "ये देखो साब...ये आसमानी झूला...और इसको दिल्ली की कौन-सी मीनार कहते हैं?...जहाँ से आदमी चींटी दिखता है?...ये अंग्रेजी तोप...बंबई का समुद्र...ये चौदह मंजिल का होटल...इतना ऊँचा...चढ़ते जाओ... चढ़ते जाओ...मेरे तो पाँव दुखने लगें।...अरे, आपके आँसू आ

गये, क्यों?...अब मैं कहाँ रोता हूँ...?...आगे देखो साबू...इतना ऊँचा उड़ने वाला हवाई जहाज, जो आस्मान को छू ले...अरे...? लो...चल दिये...? देखोगे नई साबू...?..."

काफी आगे आकर मैं मुड़ा। वह अपनी पट्टी बँधी जाँघों से मक्खियाँ उड़ाता, बड़े जतन से अपने 'कल्पना-लोक' को कथरी के नीचे दबाकर रख रहा था। वह चारों ओर सावधानी से नजरें घुमा रहा था, कि कोई उसे 'देख' तो नहीं रहा।

मुसाफिरखाना

वह मुसाफिरखाने के गोल घूमने वाले फाटक के सामने आ खड़ा हुआ। उसकी औरत एक लंबा थैला लटकाये दो कदम पीछे थी। उसने ठिठककर, भीतर नजर दौड़ाई। कड़ाके की ठंड के बावजूद भीतर एक उष्णता-मिश्रित ठहरी हुई हवा की सुखद आँच थी। रात के ग्यारह बज चुके थे। उस बड़े जंकशन की आमद-रफ्त के हिसाब से भीतर काफी कम भीड़ थी। फिर भी बेंचें सब भरी थीं। कुछ लोग मुसाफिरखाने के सपाट फर्श पर चादर, कंबल, कथरी, गुदड़ी में सिमटे-सिमटाये इधर-उधर छितरे पड़े थे। नये आने वालों की पगध्वनि से सचेत होकर, कुछ लोगों ने शंका की दृष्टि से उन्हें घूरा। फिर अपना-अपना सामान टटोलकर, इत्मीनान से आँखें बंद कर लीं।

वजन बतलाने वाली मशीन के पास जगह खाली थी। नव-आगंतुक ने अपनी मिल्कियत का कब्जा जमाने के हिसाब से अपनी गठरी धम् से उधर पटक दी। कंधे से उतारकर भूरा-खुरदुरा कंबल, गठरी पर पटककर वह उबासी लेने लगा। आगे का काम उसकी पत्नी का था। पत्नी ने हाथ का थैला रखकर मटमैली फटी-सी एक चादर निकालकर, उसे झटकारते हुए बिछाया। उसने चादर से बुहारते हुए मूँगफली के छिलके, बीड़ी के टोटे, जली तीलियाँ, दोने, कागज आदि एक कोने में कर दिये थे। गठरी निकालकर अपनी एक मोटे किनार की धोती उसने सलीके से चादर पर बिछायी; और अपने पति की ओर निहारा जो वेइंग-मशीन के बल्बों की जल-बुझ देख रहा था। पति चारों ओर नजरें दौड़ाकर, बिछी हुई चादर पर बैठ गया। कंबल का एक कोना उसने पत्नी की ओर बढ़ाया, और बीच में खुद सिमटकर बैठ गया। मुसाफिरखाने में धुँधले उजाले से भरा रहस्यपूर्ण वातावरण था। अधिकांश ट्यूबलाइटें न जलकर, अपने होने का अहसास दे रही थीं। जो जल रही थीं, उन पर भी धूल, धुआँ, कालिख और जाले की परतें जमा थीं। उससे छनकर आने वाली बचीखुची रोशनी, मात्र इतना अहसास दे रही थी, कि मुसाफिरखाने में जो मौजूद हैं वे मुसाफिर हैं।

आगंतुकों के प्रवेश के बाद ऊँघते वातावरण में कुछ सुरसुराहट प्रारंभ हो गयी। कुछ निगाहें सतर्कता से आने वालों का निरीक्षण करने लगीं। युवक बीस-इक्कीस बरस का ग्रामीण नौजवान था, जो रात को अक्सर लेट आने वाली पैसेंजर से उतरा था। पूरी गोलाई में कटे सिर के छोटे-छोटे खड़े बाल, कान में खुसी साबुत बीड़ी,

आधी बाँह का चार खानेदार लंबा, झिलंगा कमीज, खुरदुरी मोटी धोती, जिसकी प्रत्येक चुन्नट में मैल की सीधी लकीरें खिंची थीं...और पैरों में चमड़े का गोल पैबंद लगी, स्पंज की चप्पलें...। वह युवक निरीक्षण करने वाली कुछ खास निगाहों के शहरीपन से काफी सीढ़ियाँ नीचे था।

देखने वालों का कौतूहल एवं जुगुप्सा उस युवक के संदर्भ में न होकर, विशेष रूप से, साथ वाली स्त्री के बारे में थी। अधिक से अधिक सोलह-सत्रह बरस की रही होगी। देहाती पहनावा, कोहनी से कुछ नीचे तक लाख की लाल चूड़ियाँ, पाँव को जकड़ते से मोटे-मोटे चाँदी के कड़े, फूलदार प्रिंट की सस्ती-सी अल्पदर्शी साड़ी, बहुत साधारण चेहरा-मोहरा, जिसमें प्रत्येक अजनबी चीज को कौतुक से निहारने वाला लड़कपन।

गहराती रात के साथ ठंड बढ़ती जा रही थी। मुसाफिरखाने के छोर पर टी-स्टाल में हल्की-सी चहल-पहल थी। स्टाल वाला मोटा; थुलथुल-सा मालिक आधी बाँह की खाली कमीज, स्वेटर और मात्र एक पट्टे वाली चड्डी डटाये, कोयला कुरेदकर भट्ठी तेज कर रहा था। भट्ठी को घेरकर खड़े, आँच सेंकते चार-पाँच छोकरे, अब बातें बंद कर के बड़े गौर से नये आये इस जोड़े को घूरने लगे। वहीं खड़ा एक पुलिस का अध-बूढ़ा-सा सिपाही स्टूल खींचकर ऐन स्त्री के चेहरे से ऊपर दृष्टि गड़ाकर बैठ गया, ताकि आदतन वह उसे 'शक' की निगाहों से देखता रह सके, और दूसरे भी यह जान सकें कि 'मुंशी जी' को ड्यूटी के मुताबिक 'दाल में काला' दिख रहा है।

वेइंग-मशीन के पास जहाँ वे बैठे थे, बेंच पर सोया एक रेलवई का पोर्टर उठकर बैठ गया। उसने अँगड़ाई लेते, आलस को झटका। जुल्फें सँवारीं। चटक लाल मोजों को तानते हुए ऊपर खींचा। जब उसका जम्हाई लेता पूरा खुला हुआ मुँह उधर को घूमा, तो खुला का खुला रह गया। कुछ क्षणों बाद व्यवस्थित होते हुए, स्टाल के पास खड़े अपने एक दोस्त को आवाज दी, जो शान से चलते हुए आकर बेंच पर उसके बगल से सट गया, मानो अचानक ठंड का पूरा आक्रमण उसके विरुद्ध केंद्रित हो गया हो। मुसाफिरखाने के नीम-अँधेरे में उस ग्रामीण युवती की उपस्थिति से कुछ आँखों की पुतलियाँ जंगली बिल्ली की तरह, अंधकार में अधिक फैल गयीं, और रोशनी की अपेक्षा और अधिक देख पाने में समर्थ हो गयीं।

इधर-उधर लेटे अधिकांश यात्री या तो सो रहे थे, या सोने के उपक्रम में थे। एक कोने में लेटा बूढ़ा रह-रहकर खाँसता, निस्तब्धता को भंग कर रहा था। उसे खाँसी का एक दौरा-सा पड़ता, और उसकी साँस घबराहट के साथ तार की तरह खिंचती जाती। वह हर दौर के बाद कफ के ढेर से किसी दीवार को रँगता, और बैठकर हाँफने लगता। मरियल-सा एक कुत्ता सावधानीपूर्वक, सोये यात्रियों के इर्द-गिर्द घूमता कुछ सूँघ रहा था, जो भगाये जाने पर निश्चित दूरी तक जाकर फिर दुम हिलाता लौट आता। बार-बार उसे भगाकर परेशान होता एक यात्री बड़बड़ाने लगता, "यह मुसाफिरखाना है, या मवेशीखाना...?"

पुलिस वाले मुंशी जी ने स्त्री को लगातार शक से घूरते हुए स्टाल-मालिक से कहा, "लाला, एक सिगरेट दो।"

स्टाल वाले ने अनसुनी कर दी।

मुंशी ने बरानकोट के ऊपरी बटन को बंद करते हुए फिर कहा, "लाला सिगरेट निकालना।"

स्टाल वाला, इस बार छोकरे पर बड़बड़ाने लगा।

मुंशी ने तीसरे बार तीखे स्वर में कहा, "तुमने आज बुरी तरह इस छोकरे को मारा था। गलत बात है। शिकायत हो गयी, तो भारी पड़ेगा। कानून अपने हाथ में लेना, गैर-कानूनी है...! सिगरेट निकालो।" लाला ने इस बार सिगरेट बढ़ा दी।

मुंशी कश खींचते हुए बोला, "ठंड काफी है।"

लाला कानून की आँच में पिघलने लगा था। लाला बोला, "पीछे बेंच पड़ी है, आराम कर लो।"

सिपाही चौंक पड़ा, "आराम?...जानते भी हो? मुसाफिरखाने की ड्यूटी लगी है। वारदात का कोई भरोसा नहीं, कब हो जाए...! चोर, डाकू, पाकिटमार, उठाईगीर, औरतें भगाने वाले...कोई कमी है बदमाशों की?"

मुंशी की तेज, पैनी निगाहें उधर लगी थीं, जहाँ कंबल के नीचे कोई हल्की-सी हरकत हुई थी।...शायद उस अल्हड़ युवती ने साथ वाले मरद की उँगलियाँ उमेठी थीं,...या ऐसा ही कुछ...। उसका सिर अपने पति की पीठ से लगा था। वह तेज ठंड और कँपकँपी के कारण, सिसकारी सी भरती, सिमटी जा रही थी। पुरुष दीवाल पर चिपका किसी फिल्म का विज्ञापन देख रहा था, जिसमें एक गंजा खूँखार व्यक्ति, किसी का हाथ पकड़कर खींच रहा था। वह खुसफुसाकर शिकायती लहजे में पुरुष से कुछ कहती, तो वह बौखलाकर सिर खुजाने लगता।

बेंच पर बैठे दोनों व्यक्ति दीदे फाड़कर इधर देखते हुए खी...खी...कर रहे थे। वे इस बात को छुपाने की बिल्कुल चेष्टा नहीं कर रहे थे, कि उनके वार्तालाप का विषय ले-देकर यही स्त्री है, और मुसाफिरखाने में शरणागत जैसे पड़े लोगों में से किसी के बारे में कुछ भी कहकर, अपना मनोरंजन करने का उनका अधिकार है। उनमें से एक ने अपने भद्दे बेसुरे स्वर में चलताऊ किस्म का एक द्विअर्थी फिल्मी गाना शुरू कर दिया। दूसरा अपनी जाँघों पर ताल देता सिर हिलाने लगा।

ग्रामीण युवको ने किंचित रोष से उसकी ओर देखा। इस रोष की सतह के नीचे छिपी तिलमिलाहट और बेबसी उसकी आँखों से झलक रही थी। पहलवान टाइप के युवक ने उपेक्षा से उस दृष्टि का तिरस्कार किया, और मूँछें उमेंठते हुए हँस पड़ा।

अचानक धीमी-सी मद्धिम रोशनी में जगमग करती ट्यूबलाइटें ऑफ हो गयीं। कोई नयी बात नहीं थी, बिजली ने भी हमेशा की तरह गुल हो जाने के अपने अधिकार का प्रयोग किया था। निपट अँधेरे में आदिम प्रवृत्तियाँ अपने मूल रूप में ध्वनि के माध्यम से व्यक्त होने लगीं। चीख, सीटियाँ, सीत्कार, हुंकार, अश्लील

किस्म के कुछ ताने, और इन सब ध्वनियों को अपने तले सिमेटती, पुलिस वाले की कर्कशा सीटी का स्वर गूँजने लगा। कुछ ही क्षणों में माचिस की तीलियों ने क्षणिक उजाला बिखराकर, पूरे वातावरण को काफी कुछ वर्तमान में खींच लिया। अँधेरे को चीरती-सी टार्च की सीधी रोशनी उस ग्रामीण युवती पर बिखर गयी, जो एक भयभीत हरिणी की तरह बौखलायी, अपने साथी से सिमटी थी।

शीघ्र ही बिजली जैसे अकारण गुल हुई थी, वैसे ही वापस आ गयी। अधिकांश हाथ अपनी जेबों पर या शिकारी की सी सतर्कता से, अपने सामानों पर थे। सारे सोने वाले सचेत और चौकन्ने से, आक्रमण की मुद्रा में, सारे काल्पनिक चोरों उठाईगीरों के खिलाफ तैनात थे। धीरे-धीरे सब सामान्य होने लगा। तनाव से मुक्ति पाकर फिर सोने वालों ने सिर तक रजाई, कंबल वगैरा ढक लिए। मुंशी जी ने मुसाफिरखाने का अपना राउंड पूरा किया और पुनः टी-स्टाल की ओर बढ़ लिये। अंधकार में उभरी ध्वनियों से सर्वाधिक भयभीत हो गया था वह मरियल कुत्ता, जो रोशनी का अभय पाकर चेहरे पहचानता-सा, पुनः मुसाफिरखाने में डोलने लगा।

जहाँ वह ग्रामीण जोड़ा बैठा था, उसके साइड वाली बेंच पर एक कोट-पैंट, मफलर डटाये अधेड़-सा व्यक्ति, नीचे लेटे अपने दूसरे साथी से एक किताब माँगकर उसके पृष्ठ पलट रहा था। उसकी आँखें किताबों के पन्नों की दीवार लाँघकर उस युवती की आँखों में झाँकने का प्रयास कर रही थीं। चुटकी बजाते बार-बार सिगरेट की राख झटक रहा था और पृष्ठों पर लिखे काले सटीक अक्षर धुँधलाते जा रहे थे। विचार-क्रम ट्रेन की स्पीड से दौड़ रहे थे...हूँ।......गाँव की लगती है, उससे क्या?

अनपढ़ लगती है,...उससे क्या? कपड़ों का सलीका नहीं, उससे क्या?

है ब्यूटीफुल...सलीके से पहने-ओढ़े...अच्छी...अच्छी स्मार्ट अपटूडेट्स इसके आगे पानी भरें...शार्पनैस...फीचर्स...फिगर...साथ का उजड्ड आदमी...गँवार, जाहिल... अनपढ़...क्या? पड़ा है ब्लडी, ऐसी ब्यूटी को ले के...दिसंबर की रात में मुसाफिरखाने के चिक्कट फर्श पे...हिंदुस्तान कब करेगा तरक्की?...क्या?...

उसने अचानक चौंककर पृष्ठ पलटा। एक-दो लाइनें पढ़ते ही अक्षर पुनः धुँधलाने लगे...अपने शहर का या जान-पहचान का मामला होता, तो मैं इस कदर देख पाता भला...? नीची निगाहें किये शराफत से पड़ा रहता...मगर, इस अनजानी, अपरिचित जगह में, यहाँ नीम-अँधेरे में भला कौन देखता है कि मैं...मैं देख रहा हूँ...बिचारी!...क्या?...

उसने फिर चौंककर पृष्ठ पलटा। उसने अक्षरों में आँख गड़ाने की चेष्टा की, परंतु वे इतने पारदर्शी कभी नहीं हुए थे। अक्षरों के पार वह गहरी नींद में सोये एक मूँछधारी को देखने लगा, जो पहले इस ग्रामीण जोड़े के समानांतर सोये, गहरी नींद में खर्राटे मार रहा था। अब वह नींद में ही न जाने किस प्रकार घूम-घामकर इस स्थिति में आ गया था, कि उसके पैर का अँगूठा अब उस युवती के पीठ के काफी नजदीक था। खर्राटे वह अब भी मार रहा था, परंतु उसका अँगूठा रह-रहकर हिलने लगता। किताब वाले व्यक्ति को काफी कोफ्त महसूस हुई। 'पैरी-मेसन' को झटके से परे रखते, वह खीझकर बुदबुदाया...व्हाट नानसेंस...? मैनर्स कोई चीज है या नहीं...क्या?...

उससे न देखा गया, तो उसने करवट बदल ली। होठों के बीच शब्द फिसल रहे थे...ब्यूटी इज टुसी...नाट टु टच...क्या? वह पूरी कोशिश करने लगा, कि अब उस युवती की तरफ न देखे। चाय-भट्ठी वाला लाला बेमतलब ही चिल्लाया, "हाँ भाई। चाय वालो...गरम हो लो...आखिरी चा है...फिर भट्ठी ठंडी करना है..."

लाला ने स्वर उतारते हुए सिपाही से पूछा, "मुंशी जी, और चाय चलेगी?"

मुंशी जी अपनी निगाहें 'सस्पेक्ट' पर से कैसे हटाते? हाफ पैंट पर डंडा ठोंकते उन्होंने सिर हिला दिया।

वह युवती अपने पति से सिमटी तेजी से नाखून कुरेदती जा रही थी। पुरुष बार-बार इधर-उधर नजर डालता, और अंत में वह फिर उसी पोस्टर को देखने लगता, जिसमें एक गंजा, लड़की का अपहरण कर रहा था।

युवती ने उसे टोहका दिया, "ऐ, ठंड खूब है।"

वह चुप रहा।

स्त्री ने इस बार चिकोटी काटी, "ठंड है ना!"

पुरुष बौखला गया, "चाय पियोगी?"

नयी-नयी शादी के पश्चात घर से शायद पहली बार अपने पति के साथ निकली उस ग्रामीण लड़की के लिए होटल की चाय पीना भी एक रोमांचकारी अनुभव लग रहा था। उसने स्वीकृति में सिर हिला दिया। पुरुष कंबल हटाकर उठा, और गठरी से निकालकर एक उधड़ी-सी लाल रोएंदार बनियान पहली, और आगे बढ़ा।

सामने की बेंच पर बैठे पहलवाननुमा लड़के ने गाना प्रारंभ किया—

...तुमको जो देखा हाल-बेहाल।
वा रे वा मेरे बाँके लाल...।

ग्रामीण युवक टी-स्टाल पर जाकर बोला, "दो चा चैये, गरम।"

लाला बेमतलब ही हँसा तो उसका पेट थुलथुल होने लगा, "दो कप पिओगे?"

युवक सिर खुजाने लगा, "एक ले जाना है...उधर।"

सिपाही अब एक आँख उस पर रखे था, दूसरी उसकी औरत पर। आवाज में आवश्यक रुआब भरकर बोला, "किधर से आया है...?"

युवक बौखला गया।

पुलिस का मामला ठहरा।

सहमकर बोला, "दादा, घुटक से।"

मुंशी जी और कड़क हुए, "किधर जाएगा?" उन्होंने अपनी जाँघ पर अपने हाथ का डंडा ठोंका।

युवक और बौखला गया, "ससुराल।"

सब ठहाका मारकर हँस पड़े। लाला के पीले दाँत और सुर्ख गोलमटोल चेहरा भट्ठी की ललौंही में चमक उठा। जब वह हँसता था, तो महसूस होता था, कि उसके

चेहरे का अंग-प्रत्यंग और उसका पेट तक, सब उछल-उछलकर हँस रहे हैं। उसे मजा आ रहा था, कि पुलिस के सामने यह गँवार, जाहिल आदमी, चूहे की तरह थरथरा रहा था। मुंशी जी की हँसी थमी तो उन्होंने डपटा, "ससुराल कहाँ बे?" युवक पस्त हो चला था, "जी दादा...वो मुटिया-खेड़ा...सुबै मोटर मिलेगी।"

सबको मजा आ रहा था। भट्ठी की आँच सेंकते सब सिपाही से अपेक्षा कर रहे थे कि, कुछ और मजा लाये। मुंशी जी ने उसके दोनों कंधों पर हाथ जमाये, और तीखे स्वर में खुसफुसाकर कहा, "वो औरत कौन है तेरी?"

युवक झेंप कर खी...खी....करता खीसें निपोर दिया। मुंशी जी के स्वर में इस बार काफी कटुता थी, "बोलता क्यों नहीं? कौन है वो तेरी? आजकल भरोसा है किसी का...! बोल जल्दी।"

युवक हड़बड़ी में चारों ओर देखने लगा। स्टाल वाला, सिपाही और वहाँ खड़े बाबूनुमा सारे लोग निपट अनजानी स्थिति में उसे निरीह पशु के समान आतंकित कर, आनंदित हो रहे थे।

मुंशी जी ने चाय का प्याला उठाकर सुड़कते हुए कहा, "बतलाता है, या पूछताछ के वास्ते तुम दोनों को थाने ले चलूँ? बोल?"

युवक रुँआसे स्वर में बोला, "जी...दादा; वो तुम्हारी बहू है।"

एक झटके से मुंशी जी के हाथ का प्याला खड़खड़ा उठा और गरमागरम चाय से उनकी सफेद मूँछें पूरी तरह भीग गयीं। आसपास खड़े लोगों के ठहाकों से मुसाफिरखाना गूँज उठा। लाला, रुक-रुककर अपनी विशाल काया में वायु भरते-छोड़ते, किस्तों में हँसता जा रहा था। इस हँसी में मुंशी जी की 'कटाई' का मजा था, जो उसकी मुफ्त की तीन सिगरेटों, और दो चाय की कीमत थी।

युवक चाय लेकर मुड़ा। खिसियाने से मुंशी जी उसके साथ चले। उन्होंने युवती को संपूर्ण 'संदेहपूर्ण' निगाहों से पास से घूरा। उसकी गठरी उठाकर देखी। थैला टटोला। डंडे से, आहिस्ता से ठोंककर देखा, और वापस मुड़कर स्टाल पर आ गये। चाय वैसी की वैसी स्त्री के पास रखी रही।

अचानक उसकी पीठ के पास सोये मूँछधारी के पैर का अँगूठा फिर हिला। इस बार अँगूठा अनजाने में, चाय के प्याले से टकरा गया। गरमा-गरम चाय पड़ते वह हड़बड़ा गया और चौंककर, घुटने सिकोड़कर, दूसरी करवट लेकर, पुनः खर्राटे मारने लगा। यह सब कुछ बड़ी सहजता से 'नींद' में ही हो गया।

साइड वाली बेंच पर लेटा सूट वाला व्यक्ति पुनः 'पैरी-मेसन' का पन्ना पलटने लगा। दूसरी ओर गहरी नींद में सोयी एक स्त्री का बच्चा कुनमुनाकर उठा। वह बार-बार दूध माँग रहा था, और नींद में उसकी माँ उसे थपकी दे रही थी। आखिर बच्चा दूध पीने लगा। सूट वाला तै नहीं कर पा रहा था, कि किस करवट लेटे। अचानक नीचे सोये उसके साथी ने उसे हिलाया, "जोगेंदर...पन्ना पलट।" खीजकर उसने किताब अपने साथी की तरफ बढ़ा दी, "ले प्यारेलाल तू पढ़...अब मैं सोता हूँ।"

स्टाल वाले की भट्ठी की आँच ठंडी हो चली थी। वहाँ खड़े लड़के अब बाकायदा ग्रामीण जोड़े के बगल में अखबार बिछाकर बैठ गये, और पत्ते निकालकर बाँटने लगे। 'फ्लाश' का खेल शुरू करने के पहले उन्होंने मुंशी जी को सादर आमंत्रित किया, "आओ...दादा।"

मुंशी जी ने दूर से ही हाँक लगायी, "जुआ मत खेलना रे छोकरो...बंद कर दूँगा।"

एक लड़का कान छूकर चिल्लाया, "कसम ले लो...दादा।"

अब वे चारों बेशर्मी से उस युवती को घूरते आपस में मजाक करते जा रहे थे। एक लड़के ने ट्रेल दिखाई, तो दूसरे ने उपेक्षा-पूर्वक मुँह बिचकाया, "उँह! कौए की चोंच में अनार की कली।" चारों बेशर्मी से ठहाका मारते हँस पड़े।

उस ग्रामीण युवक के लिए सब कुछ असह्य हो चुका था। विक्षोभ और बेबसी से उसकी आँखों में आँसू आ गये थे। इस असहायता और अपमानजनक स्थिति का क्या इलाज था उसके पास? उसकी पत्नी बुरी तरह से डरी हुई रुआँसी-सी उसकी आँखों में झाँक रही थी। वह क्या कर डाले? बेबसी के बावजूद उसका खून खौल रहा था।

किससे लड़े?...परायी जगह...अजनबी; मगर टुच्चई पर उतारू इतने लोग... कौन सुनेगा उसकी...? वह किसी से भिड़ जाए, तो इतने सारे लोगों में जो पूरे मुसाफिरखाने में सोये पड़े हैं, कोई उसकी तरफदारी करेगा...?...यहाँ से उठकर वे लोग चल दें...मगर कहाँ जाएँगे इतनी रात को?

युवक ने चारों ओर नजर दौड़ाई। उसे शक और संदेह से घूरता सिपाही...पीले, गंदे दाँत निपोरता लाला...किताब के आर-पार सूटधारी, जिसकी निगाहें उसकी पत्नी की पीठ में भिदी जा रही हैं...पैर का अँगूठा पीठ से स्पर्श कराने की कोशिश करता मूँछधारी, मूँछें उमेठता पहलवाननुमा छोकरा...बगल में बैठे पत्ते खेलते ये आवारा छोकरे, जो लगातार छींटाकशी कर रहे हैं...सब उसे चारों ओर से जकड़ते से लगे। मुसाफिरखाने की पीली मरी-मरी सी रोशनी की प्रत्येक किरण उन दोनों को सूई की तरह चुभती, घायल करती जा रही थी।

वह अचानक विक्षिप्त-सा उठकर खड़ा हो गया, और कंबल परे फेंक दिया। जागने वाली सारी निगाहें उस पर जम गयीं। वे सारे लोग जो किसी न किसी रूप से वहाँ मँडरा रहे थे, उसकी ओर से किसी संभावित कार्यवाही के लिए, चौकन्ने से होकर उसे एकटक देखने लगे। तनाव के चरमबिंदु पर सबके चेहरों की रेखाएँ बुरी तरह खिंच गयीं। युवक ने पागलों की तरह आँखें फाड़कर चारों तरफ देखा।

अचानक जैसे झटके से वह उठ खड़ा हुआ था, और फिर उसी तेजी से वह धम् से बैठ गया। पूरी ताकत से उसने कंबल झटकारा। गठरी और थैली सिरहाने जमायी। लगभग धक्का देते हुए अपनी पत्नी को लिटाकर विद्युत गति से, सिर से पैर तक कंबल उढ़ा दिया, और खुद भी उसी में घुस गया। क्षणिक हलचल के बाद सब कुछ शांत हो गया। अब मात्र दोनों की साँस लेने का लय-बद्ध कंपन कंबल की सतह पर हो रहा था। मुसाफिरखाने का मनहूस संसार उनकी नजरों से ओझल

था। एक-दूसरे से चिमटे, वे कंबल में दुबके थे। ठीक उन भयभीत शुतुर्मुर्गों की तरह, जो प्रबल शत्रु से घबराकर, रेत में सिर गड़ाकर पड़ जाते हैं।

अपनी तीक्ष्ण निगाहों से उन्हें तार-तार करते चेहरे फक पड़ गये। लाला ने हाँक लगाई, "खेल खतम...पइसा हजम...। चाय खतम...दुकान बंद..." नवयुवकों ने 'फ्लाश' बंद कर दी। मूँछधारी का अँगूठा जड़ हो गया। खर्राटे नियमित हो गये। 'पैरी-मेसन' की किताब फट से बंद हो गयी। और पढ़ने वाले की निगाह के आगे संपूर्ण 'विलायत' नाच उठा। पहलवाननुमा छोकरा मोजे खींचता उठ खड़ा हुआ।

मुंशीजी गहरी साँस लेते स्टूल से उठे। लाला से बोले, "चलें सेठ...स्टेशन का चक्कर मार दें। जमाना खराब है। जिधर निगाह चूके, वारदात हो जाती है!"

जब वे बूट बजाते उस ग्रामीण जोड़े के पास से गुजरे, तो उन्होंने आखिरी बार 'शक' का इजहार करते, उन पर नजर दौड़ाई। दोनों की साँस की लय के साथ, कंबल सामान्य गति से उठ-गिर रहा था। दोनों निरीह-से, कंबल में दुबके थे।

मुसाफिरखाना सो गया था।

दीवाली

रामरती को अब जाकर फुरसत हुई है। पूरे घर की सफाई, लिपाई से निपटकर बैठी है। आँगन छाबने को तो बूढ़ी सास ने भी मना कर दिया था, पर कैसे मानती वह? साल भर का त्योहार, और तुलसीचौरा अछूता पड़ा रह जाए? सुबह चार बजे से जुटी, सो अब जाकर कमर सीधी करने बैठी है। रज्जू और मुनिया दोपहर से धुले कपड़े में घूम रहे थे, शाम तक धूल-मिट्टी में छिबद आये। अच्छा हुआ, उसने दूसरी जोड़ी भी धोकर रखी थी। अभी घर में आने दो। वह एक-एक धौल जमाएगी, और पकड़ कर, मुँह-हाथ धुलाकर, फिर कपड़े बदलेगी।

बुढ़िया को कुछ सूझता है नहीं—लगी है बड़-बड़ करने..."अरी बहू! अब बस कर। दीवाली है, तो कोई हाड़ थोड़ी तोड़ना है अपने। खूब हो गयी सफाई। नंदू शाम की मोटर से आएगा। कुछ चुड़ो-पका के रख ले। आज दीवाली है, छोरा चूक नहीं सकता।"

—हाँ, उसे भी पता है। हफ्ते-भर से रस्ता देख रही है, उनका। पता नहीं कैसे रुक गये! आज तो आना ही चाहिए। पाँच मिनट बैठ ले, फिर चौके में जुटना है। अब तो सात की मोटर है आने को। गाँव के किनारे से डामर-रोड जाती है। ठेला, गाड़ी कुछ से भी आ सकते हैं। रात तक सड़क चलती है। मगर देरी खूब कर दी। दोपहर की रेल से इस्टेशन आ जाते, तो पाँच मील तो पैदल ही नाप देते। कहाँ रुक गये? ....रज्जू अलग जान खाय जा रहा है, फटाके चाहिए। हाँ बिटवा, फटाके, फुलझड़ी, एटम-बम सब लेकर आएँगे। कानपुर से खाली हाथ थोड़े ही आएँगे? मिठाई भी आएगी, खील-बताशे भी। मत कहो, उसकी नयी साड़ी आ जाए—खास—'मील' की। पिछली बार कह गये थे, "अरी रामरती, तू कानपुर का साड़ी-मार्कीट देख ले, तो पगला जाए। अभी पइसे की तंगी है। अगली बार देखना कैसी चमाचम साड़ी लाकर दूँगा, गोटे किनारे वाली...तू पहने तो हवा में उड़े।"

...ना बाबा, मैं जमीन पर ही भली...तुम्ही आ जाओ, तो भर पायी...धनतेरस निकली...नरक-चौदस निकली...बड़ी दीवाली की संजा हो रही है...रुक कैसे गये...? शायद...छै बज गये हैं।...

....पूड़ी-साग जल्दी से निकाल ले वह, पपड़ी निकाल ले...मीठा अब थोड़ा बहुत दुकान से आ जाएगा...वे भी तो लाएँगे कुछ! छै महीने बाद आ रहे हैं...।

हे भगवान् कहाँ लंका के कोस पे नौकरी मिली...! मजूरी करने को गाँव ही कौन बुरा था...? मगर समझें तब ना?...हाँ, रामरती में अकिल है ही कितनी?...पिछली बार आये थे, तो वह खूब रोयी थी; और वे पीठ पर हाथ फेरते समझाते रहे थे, "रामरती, तू तो रही धुर्र! अरे, गाँव में गड्ढा खोदते, बटियादारी करते, जनम बीत जाएगा। बाहर की दुनिया कित्ती बड़ी है, तू क्या जाने अभी मजूरी करता हूँ तो का? राज-मिस्त्री का हुनर हाथ आने दे। छमाछम रुपिया बरसेगा। तू ही लाइलोन की साड़ी में मटकती घूमेगी, शहर-बस्ती में...!"

...हओ...रामरती के हाड़ घूमेंगे?...इधर तो मारे फिकर के सुखाये दे रहे हो...प्रान अटके रहें, बहुत है...। घर की दो रूखी-सूखी खाते...दरस को तो ना तरसती...! अंधरी माँ का खयाल किया होता, जो टटोलने को तरस जाती है तुम्हें।...रज्जू, मुनिया कैसे पराये से देखते हैं तुम्हें!...मैं मूरख तो बावरी सही...पर किसी का तो मोह होता!...रज्जू, कपड़ा बदल लिये?...जरा चला जा तो डामर-रोड तक...इस्टेशन आ गये होंगे, तो सात बजे वाली सांडिया-मोटर से आते होंगे।...

हाँ...अम्मा...सुन लिया। अँधेरा होने लगा है...बस, निपट गयी। दिया-बाती की भी तैयारी करती हूँ...तुम रूई ले लो, और ये पटा...बैठे-बैठे बत्ती भाँज देना। ...गया तो है रज्जू...कोई सवारी होगी तभी यहाँ मोटर रोकेंगे; नहीं तो सर्र से निकल जाएँगे।...आज किसी कारन से रुकना नहीं चाहिए...। मेरा मन भी तो यही कहता है...अब मैं भी तो लाचार हूँ...! नहीं-नहीं अम्मा तुम, जैसी मैं...! मैं आँख वाली हो के भी क्या कर सकती हूँ...!

और सुनो! ये रज्जू क्या कहता है...! मोटर रुकी ही नहीं।...क्या करूँ...! पता नहीं क्या हो गया! पिछली बार कह तो गये थे कि दीवाली पर जरूर-जरूर आऊँगा! फिर क्या हो गया?...दो महीने से तो कोई चिट्ठी नहीं आयी...कित्ते लापरवाह हैं...! कोई मरता है, मरे!...वह रज्जू से लिखवा के तीन लिफाफे डलवा चुकी...न जाने कैसा तो घपला है!...समझ के बाहर। पिछली बार आये थे, तो ऊट-पटाँग ढेर-सी बातें कह रहे थे...देख रामरती, एक मजेदार बात है।...जहाँ कारखाने में मैं काम करता हूँ...वहाँ मेरा नाम, पता, साकिन, वल्दियत, सब अलग है...। वे लोग न जाने कैसा करते हैं! ...कहते हैं, हर छै महीने में नाम-पता, बदल-बदलकर नौकरी पर रखेंगे। एक ही नाम चलेगा, तो पुराना पड़ने पर कानून से, नौकरी पक्की करना पड़ेगी; और उन्हें रोजनदारी पर मजदूरों को धकाते रहना है...। हर छै महीने में दस-पंद्रह दिन को बिठालकर, फिर नये नाम से रख लेंगे!...है ना मजेदार बात? अभी मेरा नाम चल रहा है—हीरालाल वल्द पन्नालाल, मौजा साकिन-मंद्राग्राम। तू चिट्ठी भिजवाये तो नंदराम मत लिखवाना... हीरालाल के नाम से पता दे जाऊँगा कारखाने का...वही लिखवाना चिट्ठी में...झोंपड़ी के पते से जिंदगी भर चिट्ठी न पहुँचेगी, कारखाने का ही पता देना।...क्या समझी? वह ऐसा ऐंच-पेंच समझती होती, तो रामरती काहे को रहती?...ठीक है बाबा...तुम कुछ भी रहो...मेरे तो 'वही' हो! पता अपने रज्जू को समझा जाओ, जिसे चिट्ठी डालना है।

...छोकरा जान खाये जा रहा है...! रात हो गयी।...सबके घर दिये जल गये...। पूजा हो रही है...बच्चे उछल-कूद रहे हैं...फटाके फोड़ रहे हैं—हाँ हाँ...तू भी फोड़ना...! खूब बम फोड़ना...मुनिया गोल चक्कर घुमाके फुलझड़ी चलाएगी...अब काहे डरेगी...? बड़ी हो गयी है। गयी बात पिछले बरस की जब गोदी में घुस जाती थी... अब तो वे देखेंगे तो अकाबका जाएँगे...मत कहो, ब्याह-शादी की फिकर में पइसा जोड़ने को कहने लगें...!...अरे हाँ रज्जू देख तो बेटा; सड़क पर मोटर-ठेला घरघराने की आवाज हो रही है...। राजा...बेटाऽऽ एक चक्कर दौड़ जा...मैं जब तक पूजा की तैयारी करती हूँ...।

अम्मा...? चुप कैसे बैठी हो...? कुछ बात करो ना?...देखो ऐन दीवाली के दिन...कित्ता बुरा लग रहा है...! नहीं...नहीं...देवी-माता...भोले-बाबा सबके रक्षक हैं...कुछ नहीं...नौकरी, नौकरी है।...फँस गएँ होंगे कोई काम में...! आयेंगे, मगर ज़रूर से...भले रात हो जाए।...कल के चले होंगे...रेल, मोटर कहीं आगे-पीछे देर हो गयी होगी...। हाँ, सबके घर उजेला हो गया...अभी कोई टैम थोड़े ही हुआ है अम्मा...? बगल की पंडिताइन कह रही थी...लछमी-पूजन का दस बजे रात का महूरत है...छोरा-छोरी का त्योहार...फटाके फोड़ने के मारे चैन लेने दें तब ना?... ये रज्जू निगोड़ा जिद करके सुबह ही तीन रुपये के फटाके ले आया है... लाख कहा था, कि वे ढेर से फटाके खुद लाएँगे...आधी उमर हो गयी, मगर बच्चों जैसे कूद-कूद के, ताली बजाके वे खुद ही फटाके फोड़ते हैं...! कहते हैं...रामरती, अमीर की बात छोड़ दे...गरीब आदमी को साल-भर में एक दिन तो मिलता है, जब रुपयों में आग लगा के खुश हो ले...। लछमी मैया तीन सौ चौंसठ दिन तालों में कैद रहती है...एक दिन सारे बंधन काट के छमाछम घूमती है।...पूरा साल पइसे वालों का—एक दिन कंगालों का...। देवी मैया तू रही आना रूठी...मगर उनको सही-सलामंत रखना, बस मैं भर पायी। रज्जू लौट रहा है मुँह लटकाये...? आये नहीं...? देखो, बगल के पंडत-पंडिताइन कैसे जोड़े से दिये सजा रहे हैं... पंडिताइन सुहाग-जोड़ा की सिंदूरी साड़ी पहने है।...बेटा रज्जू, तू भी एक दिया बाल के फटाके छोड़ ले, मुनिया को आगी से दूर बैठाना...कब तक जागता बैठा रहेगा...? हाँ, हाँ रे निगोड़े, मैं भी बैठी रहूँगी तेरे पास...हाँ रे, मैं तू खूब खुस हूँ...ले भला तेरी खुसी में मैं थोबड़ा लटकाये रहूँगी?...साल भर का त्योहार आज रोओ, तो बरस भर रोते जाए...। बस तू फटाके फोड़...थोड़ी देर और देख लूँ, फिर पूजा करके खूब सारे दिये बाल दूँगी...। अम्मा ने बत्ती भाँज के रखी है...मुनिया, उठाके तेल की कटोरी में डाल दे बिटिया...। भीज जाए, तो दस मिनट चकचौंध रही आये...। लछमी मैया आने से तो रहीं! बस, घर के सामने से निकरैं, तो अँधेरे में ठुकरा न जाए उनकी सवारी...और वे अपनी गैल चली जाएँ...इत्ता काफी है!

...देखो, ऐसे दुष्ट पुरुष रहे...! बरस की अमावस को, हिरदै में अँधेरा किये है...। क्या पता...घूम रहे होंगे कानपुर में, जगमग दीवाली देखते...! दीवाली है तो

वहाँ...यहाँ गाँव में धरा क्या है? दिया लेके ढूँढ़ो, तो उजाला ना सूझे! वहाँ तो हर दिन दीवाली है।...वहीं मन भरमाया है इनका...पिछली बार बता रहे थे, कि कैसी हजार-हजार गुनी बड़ी जगह है...आकास छूते मकान...चकमक-सड़क...रेल, मोटर, हवाई-जहाज...देखते-देखते आँख दुखने लगे...हजार...लाख...लाख आदमी...! आदमी के जंगल...मेरी अकिल देखो, पूछ बैठी थी, कि इत्ते बड़े जंगल में ढेर जानवर घूमते होंगे?...इत्ता हँसे थे...इत्ता हँसे थे...लोट-पोट हो गये थे।...पेट पकड़ते बोले थे...अरी रामरती...जंगल मकानों के...कारखानों के...लोहा-लंगड़ के...आदमी के... हैं... जानवरों के नहीं। मैंने मुँह फुलाकर कहा था...मैं का जानूँ! ये बताओ, तुम कोंनो जानवर हो वहाँ? इनका मुँह लटक आया था... रामरती, इत्ते बड़े-बड़े जंगल में मैं चूहा...नहीं चूहा तो खूब बड़ा होता है...मेरी औकात तो पिस्सू...भुनगा...भी हो जाए, तो बहुत है!

तो भाई...काहे पड़े हो पिस्सू...भूनगा में गिनती कराने? देस की रूखी-सूखी खाओ...मानुस तो कहाओ...! मगर आदत से लाचार! जैसे ये रजुआ है ना? गाँव-भर के फटाके फूटते हैं ना, तो आवाज और रोसनी का मजा लेके मगन होके कूदता है...रजुआ के बाप हैं ये!...दुनिया-जहान की चटक-मटक, चकाचौंध; और आँखें उनकी देख-देख के ही सीतल हो लें! परायी हाँड़ी की गंध से पेट भरता है कहीं?

कैसे सूख के काँटा हो रहे हैं...उधर न खाने का ठौर, न आराम का...। गाँव-बस्ती से कटे हैं। हाड़ तोड़ने में क्या मजा मिलता है...? मौके-बेमौके खबर ही ना पहुँच पाये...! कल को अँधरी डुकडिया इधर 'सत्त-राम' हो गयी, तो कहाँ चिट्ठी-तार दौड़ाएँगे? और तब तक... इनके आने तक, क्या होगा?...राम-राम!... ऐन दीवाली को कैसी असुभ बात दिमाग में आयी...! मगर करूँ क्या?...अकेली जान कहाँ-कहाँ खटूँ। बुढ़िया रज्जू को कहानी बताती थी ना—

...घर में कुलवंती नार,
मकूँदर चाकरी मत जा...।

आ जाएँगे कभी सरीर का सत्यानास करके, ताली ठोंकते...रामरती, कमाई-धमाई क्या थी, खुद आ गया, बहुत है! ठीक है भगवान, तुम ही आ जाओ...। पानी पेट में उत्ता ही जाना है...गड्ढा खोद के पियो, या समुद्र उलीच डालो! अब आ भर जाओ...जीते-जी मैं कानपुर ना जाने दूँगी...। सामान की कहोगे...खटिया-पेटी के नाम कुढ़ोगे तो कुढ़ो...। आग लगने दो सबको...तुम आँख के सामने तो बने रहो! तुम्हारी गिरस्ती को काला चोर ले जाए, भले, अरे मेरी गिरस्ती तो तुम ही हो!

देखो कहीं-कहीं के दिये बुझने लगे...। आये नहीं। रात जादा हो चली है। बाल-बच्चों के फटाके खतम हो गये। रज्जू, मुनिया सो गये...लगता है, अम्मा के पास।...खुद हेड़ के खा-पी लिये होंगे...सोचते होंगे, कैसी अम्मा है...डेहरी से टिकी बैठी है...। साल-भर का त्योहार...अब आना मुसकिल है...दे गये ना धोका? दगाबाज...बेईमान...झूठे...अरे...क्या बोल गयी...? जीभ को आग लगे! मैं निगोड़ी

हूँ ही करम-हीन! चलूँ; बरस भर की दीवाली है...। खुसी के पीछे देवी-देवता का अपमान ना हो...! हे लछमी-माता लाज रखना....छिमा करना...मुझ-सी पागल कहीं और ना मिलेगी...!

चलूँ मूँ-हाथ धोके, इनकी लाई लाल चुनरी पहन लूँ...छै महीने से जतन से रखी थी...इनके सामने दीवाली के दिन निकालूँगी...! पूजा करने खुसी मन से जाना चाहिए...। सुहाग-सेंदुर, टिकिया, बिछिया, कुमकुम...सबसे सज-धज के।...माता सब रक्षा करेंगी। कित्ती रात हो रही है...! सब सोने जा रहे होंगे। इधर अभी उजियारा होना बाकी है!...कल ही इस्कूल के मास्टर जी के पास जाऊँगी, कि इनके पते से डबल-तार कर दो।...मेरी बीमारी का लिखवा दूँगी...देखना, एक पाँव से दौड़े आएँगें।...कैसे भी हों जान छिड़कते हैं मुझ निगोड़ी पे...। अबकी आओ, तो मेरे मरे पे जाओ!...खूब भर पाई बाबा...अब हाथ जोड़ती हूँ...नाक रगड़ती हूँ...कानपुर का मोह छोड़ो...। गाँव में पानी में गीली करके सूखी रोटी खा लेंगे...साथ तो रहेंगे! खूब तरसाया।

लो, मैं तैयार हो गयी...सज गयी...देख लो, कैसी लगती हूँ? माथे के सिंदूर-सी चमकती चुनरी में...ऐसा ही देखना चाहते थे ना? अरे दरवाजे की खटर-पटर कैसी ?...कहीं आ तो नहीं गए...? देखूँ...!

यहाँ तो कोई भी नहीं...! बाहर अमावस का घुप्प अँधेरा है। मन गयी सबकी दीवाली...? देवी मइया...तुम्हारे डर से दिए बाल रही हूँ...मेरा 'धन' राजी-खुशी रखना...।

नींद अब क्या लगेगी? यहीं देवी के फोटू के सामने चटाई बिछा लूँ...। उनको नहीं आना था...नहीं आये। वैसे कोई भरोसा नहीं! अधरात...पिछरात...किसी ठेला-गाड़ी से, या पाँव-पैदल ही इस्टेशन से चले आयें, और कैफियत देने लगें...

"वो ऐसा हुआ रामरती..."

...और फिर मुझे बेसरमी से खींच के हिरदै से लगा लें। इनका क्या...जोर से चिल्ला पड़ें...अरे वाह! माथे का सिंदूर...सिंदूरी बिंदिया...और सिंदूरी चुनरी-साड़ी में आज क्या गजबनाक जँच रही हो रामरती; जी चाहता है...जगमग जोत के उजाले में...!

...इनका कुछ भरोसा है?

× × ×

इस गाँव में अखबार सिर्फ मास्टरजी के घर आता है। हर छपा अक्षर चाट-चाट कर पी जाने वाले मास्टरजी, विज्ञापन पृष्ठ का यह कोना भी निर्विकार भाव से पढ़ गये हैं; जहाँ चार-छै लाइन की सूचना छपी है...

"आम जाहिरात के लिए इस विज्ञापन के जरिये सूचना दी जाती है, कि हमारी फैक्टरी में कार्यरत अस्थायी श्रमिक हीरालाल वल्द पन्नालाल, मौजा साकिन मन्दाग्राम, जिला कमालपुर मध्यप्रदेश की दिनांक पंद्रह सितंबर उन्नीस सौ अस्सी को टावर से गिर जाने के कारण मृत्यु हो गयी। उक्त पते पर रजिस्टर्ड-डाक एवं तार से इत्तिला देने के बावजूद, श्रमिक का कोई रिश्तेदार हाजिर नहीं हुआ।

वर्कमेन-कंपनशेसन-एक्ट के तहत देय राशि का भुगतान, उचित दावेदार के प्रस्तुत न होने के कारण विलंबित है। इस नोटिस के द्वारा सूचित किया जाता है, कि संबंधित पक्ष के दावेदार उचित प्रमाण-पत्रों के साथ, निम्न पते पर एक माह की सामान्य मियाद में संपर्क स्थापित करें—

—उद्योग-अधिकारी
आर॰ एक्स॰ मिल्स
6, विकास नगर, कानपुर"

दलाल

तब 'इंद्रपुरी' कालोनी वहाँ नहीं थी। आज की विशाल, वैभवशाली इमारतें, पार्क, पुल, क्लब और चमचमाती सड़कें, कुछ नहीं था। उन जमानों में यह सब तो कागजों पर था, और बनाने वालों के दिमाग में था। महानगर से करीब चार किलोमीटर दूर यह एक विस्तृत ऊबड़-खाबड़ पसरा हुआ मैदान था। कई एकड़ क्षेत्र में फैला हुआ सारा इलाका बेतरतीब फैले जंगल और बरसाती नालों से घिरा था। गुब्बारे की तरह फैलते महानगर के नये फैलाव में मोतीनगर, आजादनगर, विकासनगर, धरमपुरी आदि कालोनियाँ आ चुकी थीं। इंद्रपुरी के विशाल क्षेत्र की नाप-जोख होकर सारा मैदान चौरस, समतल किया जा चुका था। निर्माण-कार्य चालू हुआ था। और कहीं-कहीं नींव भरने से लेकर, जमीन से उगने तक सिलसिला प्रारंभ हो गया था। पचासों मजदूर, रेजा, मिस्त्री, मुकादम, और ठेकेदार दिन-भर यहाँ-वहाँ जुटे रहते। ट्रेक्टर, डोजर, जीप, कार, ट्रक, स्कूटर, व्यस्तता से भागते रहते। गिट्टी तोड़ने की मशीन—रेल के इंजन की तरह शोर मचाती, अहसास देती, कि यह वीरान इलाका रफ्तार से एक नये मुकाम पर भाग रहा है। रात होते-होते सारा शोर थम जाता। इक्का-दुक्का ठेकेदारों के टीन-शेडों को छोड़कर, सारी चहल-पहल गुम हो जाती। इंद्रपुरी की चूना-पट्टी वाली लाइनों के बाहर सैकड़ों घास-फूस, बाँस, मिट्टी की झोंपड़ियाँ अस्थायी तौर पर उग आयी थीं, जैसे वैभव और संपन्नता की हद-बंदी के बाहर बुहारकर, सारा कचरा एक कोने में एकत्र कर दिया गया हो। रात के आगमन के साथ ही झोंपड़-पट्टियों में जैसे 'जाग' पड़ जाती। चिल्ल-पों, धूल, धुआँ रोशनी के साथ रात गरमाने लगती। तभी इंद्रपुरी की अंकुरित होती बस्ती के ऐन बीचोंबीच बने अपने टिनशेड में मंगलदास शराब पीना शुरू करता। जब गला खास तर हो जाता, तो वह झोंपड़-पट्टियों से उठता धुआँ देखबर कहता, "उतना तो जी...ये धुआँ नईं जाता, जितना ऊँचा इधर का बिल्डिंग जाएगा।....मनकों वाले बाबा...तेरे सदके...मंगलदास जब पेटी-कांट्रेक्टर से बढ़के 'ए' ग्रेड पर जाएगा, तो उसे इसी इंदर के अखाड़े की सबसे ऊँची हवेली बख्शना...मेरे मालिक...।"

मंगलदास भी इंद्रपुरी की ही तरह बनना शुरू हुआ था, उन दिनों। इधर-उधर हाथ-पाँव मारकर उसने ढेर से छोटे-मोटे काम हासिल कर लिए थे। राज, मिस्त्री, कारीगरों के अलावा खासी लेबरों की जमघट जुगाड़ रखी थी उसने।

दिन-भर मोटर-सायकिल पर, साथ जुड़े महानगर से इंद्रपुरी-प्लाट के चक्कर मारता रहता। बंगलों, कूलरों, खस-टट्टियों, पंखों और मोटे परदों की हवा का जायजा लेता, वह दिनभर भाग-दौड़ करता रहा, कि कागजी घोड़े दौड़ते रहें। उसके गुरु ने शायद पहला पाठ यही सिखाया था कि कागज के घोड़े दौड़ते रहें, तभी असल की गाड़ी आगे बढ़ती है। शाम को हारा-थका घर वापस लौटता। उसका घर था, एक टिन-शेड डालकर निकाली हुई खोली, जो इंद्रपुरी प्लाट के बीचोंबीच बनी थी। बाकी, बाल-बच्चे 'देस' में मजे से रहें, मनीआर्डर की रास्ता देखें, और फलें-फूलें। यहाँ उनका क्या काम? यहाँ तो रुपयों की खेती करके उस फसल को काटना है।

रात होने तक वह अपनी खाट बाहर निकालकर बैठ जाता। पुरानी-सी एक टेबिल पर, शराब होती, और एक गिलास। वह पीता जाता और सीमेंट-कंक्रीट के जंगलों में जन्म लेती कालोनी को दूर-दूर तक नजरें दौड़ाकर देखता जाता। चारों ओर लोहे की छड़ों के ऊँचे उठते ढाँचे, अँधेरे में प्रेत या कंकाल की तरह दिखते। सुदूर कोने में झोंपड़-पट्टियों की कतारों से, धुएँ से छनकर आती मटमैली रोशनी, उसे चलती हुई दिखने लगती...तभी वह सिर झटक कर खाली बोतल एक कोने में लुढ़का देता। तब तक रमिया पूरा खाना तैयार करके पसीना पोंछती, उसके सामने खड़ी हो जाती। रमिया की नजरों में एक ही प्रश्न रहता, "रुकना है, या जाऊँ?"

मंगलदास मौका-जरूरत के हिसाब से इसका जवाब देता।

रमिया अपने को सहेजती जब झोंपड़-पट्टी की दिशा में अँधेरे में विलीन होती, तब तक वह गैर-होश-सा खाट पर पड़ा-पड़ा खर्राटे मारने लगता। सुनसान इलाके के नीम अँधेरे में रह-रहकर गोरखा चौकीदारों की सीटियाँ गूँजने लगतीं।

रमिया रोजनदारी के मजदूरों में से एक शिब्बू की बीवी थी। नाम उसका भी रजिस्टर में चढ़ा था मगर वह मंगलदास की हाजिरी बजाती थी। मंगलदास उसे तब से जानता था, जब आजाद नगर वाले ठेके में उसे देखा था। तब शिब्बू की नयी-नयी शादी हुई थी। शिब्बू उसका पुराना लेबर होने के नाते वह उसे अक्सर दस-बीस रुपये एडवांस में दे देता। जैसे-जैसे इस किस्म के अहसानों का बोझ बढ़ता गया, शिब्बू की निगाहें नीचे झुकती गयीं।

जब उसकी शादी हुई, तो खर्चे बढ़ गये। एक दिन रुपयों के लिए हाथ पसारे शिब्बू को उसने कह दिया, "देखो भाई, तेरा खरचा पूरता नहीं...एडवांस कब तक लेगा? अपनी औरत को लगा ले काम पर...दुगना पैसा, दुगनी मौज।" शिब्बू का चेहरा तमतमा आया, मगर शीघ्र ही उसकी आँखें बुझ-सी गयीं। गुस्सा करने से भला क्या होना था? कोई अकेले उसकी औरत तो थी नहीं...! सैकड़ों आती थीं, काम पर। ...घर में ढाँक-टोप कर रखने की चीज तो है नहीं, छमिया।...बहुत लगा ली पाँव में महावर! उसने धीरे से कहा, "मालिक...अभी घर में पूछ लूँ, फिर बताऊँगा।" मंगलदास हँस पड़ा, "घर में क्या पूछना? मरद तो तू ही है ना?"

रमिया काम पर आन लगी। अँगूठे की स्याही के आगे मेहँदी का रंग कहाँ ठहरता? रमिया का नवेलापन, लाज-हया, सब पसीने में घुल कर बह गये। मंगलदास की तरफ से उसे बढ़ावा था। बहुत जल्दी वह जरूरत के मुताबिक चंट-चालाक हो गयी।

जब मंगलदास यहाँ आया तो शिब्बू भी अपना डेरा-डंगर उठाकर एक झोंपड़ी में 'इंद्रपुरी' के अहाते से बाहर बस गया, और रमिया अब और खुल गयी। रमिया को कड़ी मेहनत के काम से छूट मिल गयी, और वह ठेकेदार की खोली की 'सफाई वगैरह' के साथ ही, उसका खाना तैयार करने लगी। जरूरतें बहुत जल्दी अपना रास्ता खोजने लगीं। अबोध, नादान रमिया को शिब्बू की छोटी-सी अँधेरी झोंपड़ी के परे ढेर से इंद्रधनुषों की सतरंगी जगमग वाली दुनिया दिखाई देने लगी। उसे लगा कि रुपयों की बहुत छोटी-छोटी, ढेर-सी सीढ़ियाँ हैं, जिन पर आसानी से चढ़कर वह उन्मुक्त आकाश की ऊँचाई तक उड़ान भर सकती है। कपड़े, सिंगार-पटार, खेल-तमाशे, सिनेमा शौक से लेकर सभी कुछ वह हाथ बढ़ाकर पा सकती है। उसे करना ही क्या था—कुछ नहीं के अलावा? जो होता है, होने दिया जाए? रमिया को सब कुछ मिल गया, मंगलदास को रमिया मिल गयी। शिब्बू का नशा-पत्ता बहुत ज्यादा बढ़ गया। वह अक्सर रोजनदारी से गोल मारकर धुत्त पड़ा, अपनी झोंपड़ी में महसूस करता रहा, कि दीवारें और घास-फूस की छत उसके पास आकर, उसे जकड़ती जा रही हैं, और वह छटपटाने के अलावा कुछ नहीं कर पा रहा।

शिब्बू जैसे हाड़-तोड़ काम करने वाले आदमी को निठल्ला होते देखकर उसके संगी-साथी पहले तो दुखी हुए। एक-दो करीबी मेल-जोल वालों ने उसे समझाया भी, कि वह बदन को ढीला न पड़ने दे। कुछ ने रमिया की स्वच्छंदता को लेकर आक्षेप भी किये। खुद रघुनाथ मुंशी ने तमाम उम्र के अनुभव का निचोड़ उसके कानों में उँड़ेला, "शिब्बू...ये जो खून दौड़ता है ना नसों में, इसको पानी मत बना। मजदूर आदमी का बदन एक बार ढीला पड़ा, तो टूटता ही जाता है। कल से बराबर काम पर आ, रमिया को आँख के सामने रख, और आँखें खोल के रख।" शिब्बू जैसे किसी जल्दी में था, "मुंशीजी, दो रुपये दे दो...रमिया के हिसाब से काट लेना...बदन टूटा रहा है।"

रघुनाथ ने उसे घूरकर देखा, मगर कहा कुछ नहीं। वह जानता था, कि अगर वह न देगा तो शिब्बू, ठेकेदार से सीधे ले लेगा। और मंगलदास खुद उस पर क्यों मेहरबान है, यह कोई दबी-छुपी बात नहीं। रघुनाथ उसे जल्दी-जल्दी जाते देखता रहा, और चश्मा पोंछकर बड़बड़ाया, "साला...औरत की कमाई ने इसे बेगैरत कर दिया है। आँख पर पट्टी चढ़ गयी है इसके।"

मंगलदास ठेकेदार था। बालू से तेल निकालना जानता था। कीचड़ में कल्दार उगाना जानता था। पचास दंद-फंद न करे, आड़े-टेढ़े न चले, सूई की नोक से ऊँट न निकाले, तो काशीवास करना पड़ जाए, धंधा छोड़ के। नाक की सीध में सिर्फ कोल्हू का बैल घूमता है।

काम बनाने के लिए, पैसा पैदा करने के लिए, पचास किस्म के लोगों को खुश करना पड़ता है...शराब, कबाब, असबाब, शबाब...मौके पर सही मार लग जाए, तो पत्थर पिघल जाता है, आदमी की क्या बिसात? बहुत जल्दी रमिया उसका मनोरंजन मात्र न रहकर एक हथियार बन गयी। मंगलदास कभी-कभी सोचता, कि उसने अच्छा किया, जो रमिया को शिब्बू की अँधेरी झोंपड़ी से निकालकर 'निखार' दिया। शिब्बू जैसा आदमी जो होशो-हवास में रमिया को समेट न सका, उसके लिए होश को भुलाये रखने की दवा लेना कौन बुरा है? उसका इंतिजाम मंगलदास अपने जिम्मे रखेगा।...शिब्बू का बने रहना, जितना रमिया के हित में था, उतना ही मंगलदास के हित में भी था।

इमारतें धीरे-धीरे ऊपर उठती जा रही थीं। मंगलदास जैसे दसियों ठेकेदार अपने-अपने काम के जुगाड़ में भिड़े रहते। राज, मिस्त्री, कारीगर, मजदूर सब निर्विकार रूप से अपने काम में जुटे रहते। किसी को दम मारने को फुरसत नहीं थी। महानगर से रात-दिन यहाँ आवक-जावक बनी रहती। मंगलदास के यहाँ रात को देर तक बैठक जमने लगी, जिसमें उसके यार-दोस्त और कभी-कभार 'इंद्रपुरी' के निर्माण से ताआल्लुक रखने वाले दूसरे बड़े लोग भी शरीक रहते। बैठकों में काम की चर्चाएँ होतीं; जिनमें नक्शों, बिल वाउचर, पेमेण्ट, कमीशन से लेकर कंक्रीट, लोहा, सीमेंट तक सबका समावेश होता। सब एक-दूसरे से कुछ ना कुछ छुपाने का प्रयास करते, और एक-दूसरे की लगाई सुरंगों को टटोलने की कोशिश करते। अक्सर सारा वार्तालाप, सारी प्रक्रिया, एक झटके में थमकर, दूसरी दिशा में मुड़ जाती, जब रमिया पसीना पोंछती खोली से निकलकर कहती, "खाना बन गया...मैं जाऊँ?"

उस दिन मंगलदास सुबह से काफी व्यस्त था। सुबह विकास-बोर्ड की मीटिंग थी। ग्यारह बजे दो-तीन छोटे-मोटे टेंडरों का काम। दोपहर को ईंट भट्ठा वालों से चर्चा, और शाम को माल अनलोड कराने की जुगाड़। रात के लिए उसने रमिया से पहले ही कह दिया था। उसका एक लँगोटिया यार आया था उससे मिलने। एक था महानगर का, रावरसूक वाला बिचौलिया, जो मंगलदास की टकसाल का महत्त्वपूर्ण पुरजा था। एक उसका साथी ठेकेदार था। सभी शौकीन आदमी। बिचौलिया और वह ठेकेदार दोस्त पहले भी मंगलदास की महफिलों में शरीक हो चुके थे। रमिया पहले भी साकी बन चुकी थी। थोड़ी देर के लिए उनके दिमागों से ईंट, गारा, कंक्रीट का मलवा हटाकर, अपनी जगह बनाने के एवज में वह खासी रकम पा चुकी थी। मगर मंगलदास का वह लँगोटिया यार रंगीलाल किसी दूसरे शहर में सीमेंट का होलसेल डीलर था। मंगलदास जैसा ठेकेदार और रंगीलाल-सा सीमेंट का स्टाकिस्ट! उनकी दोस्ती सीमेंट-सी मजबूती से जुड़ी थी। मंगलदास उसे लाया भी यही कह कर था, "तू चल तो यार, साली 'इंद्रपुरी' तो जब बनेगी तब बनेगी, मगर 'इंदर का अखाड़ा' तो अभी ही है। ना तेरी तबीयत खुश की तो कहना।"

रात घिरते तक चारों मंगलदास की खोली पर आ डटे। खाटें बाहर डाल दी गयीं, और पुरानी चरमराती-सी टेबिल पर पीने का सामान जमा लिया गया। रमिया भीतर खाना तैयार करने में व्यस्त थी। भीतर एक पुरानी कालिख चढ़ी लालटेन का धीमा-सा उजाला था, और टेबिल पर बाहर मोमबत्तियाँ जला ली गयी थीं। इस निर्माणाधीन बस्ती में तीन-चार अस्थायी खम्बें गड़ाकर, कहीं-कहीं बिजली के अस्थायी कनैक्शन ले लिये गये थे, जहाँ बल्ब जगमगा रहे थे। मगर मंगलदास को उजाले से परहेज था। उसे खोली के आस-पास नीम अँधेरा ही पसन्द था। दिन-भर यहाँ मचा रहने वाला कोलाहल और शोरगुल रात्रि के आगमन के साथ दूर झोंपड़ों की कतारों में सरक गया था। दूर सियारों के रोने और कुत्तों के भूँकने के अलावा, पूर्ण शांति थी।

चारों टेबिल के इर्द-गिर्द चुप बैठे थे। मंगलदास ने कार्क खोला। बात भी पहले उसी मे की। गिलास भरते हुए बोला, "जमाना बहुत खराब है।" वह बिचौलिया जो 'मामा' के नाम से जाना जाता था, उसके समर्थन में बोला, "बिलकुल। इच्छा होती है, फाँसी लगा ली जाए। चोर भरे हैं सब जगह...अरे, एकदम डाकू। धंधा करने से अच्छा है—कटोरा उठा लो, और निकल पड़ो।"

रंगीलाल ने कारोबारी बात कहनी चाही, "मंगल, तेरे कितने ट्रक भरवा दूँ?... अरे, बस...गिलास आधा ही भरना...।"

धीरे-धीरे रात गहराती गयी। चौथा दौर पूरा होने तक चारों सरूर में आ गये। मंगलदास का साथी ठेकेदार बड़बड़ाया, "ऊपर वाले! एक तगड़ी लाटरी भेज दे, तो गारा-मिट्टी का धंधा एकदम छोड़ दूँ। भगवान का भजन करूँ, बस।"

मंगलदास ने ठहाका लगाया, और हँसता ही गया, "तू...तू और भजन? रहने दे...अरे, तू मंदिर बनवाए, तो आधी सीमेण्ट मार दे।...तू भगवान का 'कोटेशन' निकलवा दे।...तू क्या भजन करेगा?"

वह तैश में आ गया, "हाँ मंगलदास, भगत तो तू है। प्राफिट का दस परसेंट मंदिर में चढ़ाता है ना! तब तो भगवान तुझे सपना देता है, लोएस्ट टेंडर की रकम का, क्या?" मामा एकदम चीख पड़ा, "माँ...माँ...इस गरीब को शरण में बुलाना। ...इन पापियों को खत्म कर दे...मैं नाक रगड़ के तेरे दरबार में पहाड़ चढ़ूँगा...। माँ..ऽऽ..." और वह बुरी तरह रोने लगा।

सब चौंक पड़े, कि इसको क्या हो गया। मगर मंगलदास ने सबकी जिज्ञासा शांत की—"यह ऐसा ही करता है। जब दारू चढ़ती है, तो खूब रोता है। फिर शांत हो जाता है। फिकर ना करो।" मामा आँखें निकालकर अपने हाथ हिलाते बोला, "एक देवी आई थी एक बार...उन्होंने जटायें खोलकर झटकीं—साँप ही साँप निकलकर बिखर गये...। जै हो तेरी...जिस पर किरपा हो, सोने की ईंट बरस जाएँ ...मंगलदास, थोड़ी बची है क्या? हिच्...पूरी खतम हो गयी?" वह फिर रोने लगा।

खाना लग गया था। रमिया ने हमेशा की तरह पूछा, "मैं जाऊँ?"—और इशारा पाकर पुनः कोठरी में चली गयी। खाने के बाद तक चारों झूमने लगे थे। मंगलदास का साथी उठा, और बिना कुछ बोले कोठरी में घुस गया। कुछ समय बाद झूमता हुआ आकर बोला, "अच्छा...मंगल...चलता हूँ...। दोस्तो विदा...टार्च किधर है मेरी?" वह चुपचाप अँधेरे में आगे बढ़ निकला।

अब रंगीलाल अंदर गया। आया, तो नाच रहा था..."वा वा...यार...तू दोस्त है मेरा...भाई है...सगा है।...मेरी जीप इधर तक आ जायगी? नईं...? नईं मैं ही सड़क तक जाता हूँ...ड्राइवर है...। चला जाऊँगा यार...तेरी खातिर नरक तक जा सकता हूँ।" मंगलदास ने उससे नजर तक नहीं मिलाई।

उसने सुबककर रोते मामा को भीतर ढकेला। एक कोने में बिछी दरी पर रमिया मुर्दे की तरह निश्चेष्ट पड़ी थी। मंगलदास बाहर आ गया। मामा अचानक लहराया, और नशे की झोंक में गिर पड़ा। रमिया के पैर झिंझोड़ते वह सिसकियाँ भरता रोने लगा, "तेरी माया...गरीब पर किरपा रखना...दुष्टों के, पापियों के महल खिंच रहे हैं...। ये अनाथ मर जाएगा।...जो मिलेगा, पाँच परसेंट तेरा होगा माता, अबकी बेड़ा पार लगाना...।" जेब से कुछ निकालकार रमिया पर फेंकते, उसने...'आक्...आक्' करके ढेर-सी उल्टी कर दी, और लुढ़कता हुआ दरवाजे की चौखट तक आ गया, और चीखा, "मंगल...मैं मरा...।" वह वहाँ लुढ़क गया।

मंगलदास ने उसे घसीटकर खाट पर डाल दिया, और वह बेसुध-सा खर्राटे मारता पड़ा रहा। मंगलदास बड़बड़ाया, "जब हजम नहीं होती तो इतनी पीता क्यों है? रमिया, जरा ये सामान उठा ले, और भीतर सफाई कर दे।"

रमिया उठी। अपने को व्यवस्थित किया और सफाई में जुट गयी। शरीर बुरी तरह टूट रहा था, मगर उसे जल्दी फुरसत पाकर घर भी तो जाना था। झटपट उसने खाली बरतन, बोतलें उठाकर भीतर रखीं।...अभी रात ज्यादा हो गयी तो सुबह बरतन साफ करेगी...ठेकेदार के दोस्त ने जो उल्टी की थी, वह साफ करते रमिया सोचने लगी, कैसे अजीब लोग हैं! सबके सिर शराब बोलती है, या तो दिमाग से ऊपर उड़ने लगती है, या मन में भिद जाती है। ये ही कल को दिन में कोट-पैंट में घुसकर आएँगे, और उसे न पहचानते हुए ईंट-पत्थर की बातें करेंगे। और अभी? एक उसका बदन तोड़कर रख गया, एक उसके पाँव पकड़कर रोता बैठा रहा...। बड़े आदमी ठहरे!... अभी तो मंगलदास बचा है।

अचानक उसे लगा कि उसके पैर से कुछ टकराया है। उसने झुककर उठाया। वह एक छोटा-सा खूबसरत पर्स था। उसे याद आया, एक आदमी जो नशे में रोता-कलपता बैठा था, न जाने क्या बड़बड़ाता हुआ, यह पर्स रख गया था। रमिया ने लालटेन के पास उजाले में जाकर देखा...पर्स में सौ-सौ के दो नोट थे। और कुछ रेजगारी पड़ी थी। उसने फौरन पर्स अपने ब्लाउज में छुपा लिया।

तभी खटका हुआ। मंगलदास भीतर आ गया था। न जाने कैसा था वह, चाहे जितनी पिये, कभी शिकन नहीं दिखती थी चेहरे पर। हँसकर बोला, "क्यों रमिया? मेहमान खुश तो थे ना?" वह चुप रही।

मंगलदास उसे पुचकारता सा बोला, "जा, रात काफी हो रही है। शिब्बू रास्ता देखता होगा। बाकी काम कल सुबह कर लेना...यह ले...।" कुछ नोट उसने रमिया की हथेली में दबा दिये, और उसे अपने पास खींचा। रमिया छटपटायी, मगर अचानक मंगलदास चौंक पड़ा, "अरे ये...ये क्या है?" बहुत थोड़ी-सी कोशिश के बाद पर्स उसके हाथ में था। मंगलदास आश्चर्य से पर्स देखता ही रह गया। फिर उसने सवाली निगाहें रमिया के चेहरे पर गड़ा दीं।

रमिया हाँफती हुई बोली, "ये...? ये मेरे को वो बाबू दे गया था।"

"कौन?" मंगलदास का चेहरा पत्थर की तरह सख्त पड़ गया। रमिया अब सम्हल चुकी थी। हँसकर बोली, "वोई...रोता बैठा रहा...मुझे हाथ भी ना लगाया।...पर्स दे गया।"

'चटाक्'—अचानक उसके गाल पर एक चाँटा पड़ा। मंगलदास किसी साँप की तरह फुफकारा, "हाथ न लगाने के...दो सौ रुपये? झूठ बोलती है? दस-पाँच तक मानी बात थी, मगर दो सौ रुपये...?"

रमिया छटपटायी..."वो मुझे दिये हैं मालिक...लाओ दे दो...वो अभी बेसुध पड़ा तो है, खाट पर।...सुबह पूछ लेना।" मंगलदास ने उसका मुँह दबा दिया, "खबरदार...जो उससे चर्चा की। बड़ी अकलवर हो गयी है ना?...ये ले...दस-बीस और रख ले...सीधी घर जा।"

रमिया ने फिर कोशिश की, "वो मेरे हैं...मेरी कमाई...। लाओ...दे दो मुझे।"

मंगलदास को गुस्सा आ गया। उसने पर्स जेब में रखते, रमिया की कमर पर एक लात जमाई, "वाह! तेरी कमाई?...तू अपनी औकात देखती है? तुझे बताता हूँ कमाई...।" और उसने रमिया को दिये नोट भी झटक लिये। धक्का मारकर बाहर धकेलते हुए कहा, "चली जा, यहाँ से...औकात भूलकर सिर पर बैठती है।...एक पैसा नहीं मिलेगा समझी। सुबह ठीक टाइम पर बर्तन माँजने न आयी तो कल को हाजरी भी नहीं मिलेगी।...अब भागती है, या लगाऊँ लात?"

रमिया किसी पिटी कुतिया की तरह खोली से निकलकर अँधेरे में दुबकती आगे बढ़ गयी। उसका बदन बुरी तरह दर्द कर रहा था, और दिमाग सुन्न था। वह चाहती थी, कि चीख-चीख कर रोये, मगर रुलाई फूट ही नहीं रही थी। दूर उसकी झोंपड़-पट्टी की लाइनों में अंधकार छा गया था और अँधेरे में झोंपड़ियों के झुंड प्रेतो के सायों की तरह निश्चल खड़े थे।

रमिया अपनी झोंपड़ी में घुसी। शिब्बू ने करवट बदलकर लालटेन जलाई, और उसके प्रकाश में रमिया को गौर से देखा। वह बड़े मीठे स्वर में बोला, "आ-आजा...आ गयी?...खूब देर कर दी। मैं तो गहरी नींद में सो गया था।...क्या दिया मालिक ने? ला, सम्हालकर रख दूँ।"

रमिया कुछ नहीं बोली। उसका पोर-पोर अपमान की ज्वाला से झुलस गया था। वह इतना भर चाहती थी, कि जी भरके रो ले।

शिब्बू फिर बोला, "चुप क्यों है? आज तो खूब नोट खींचे होंगे तूने। ला रख दूँ, फिर थोड़ा हलक तर करूँ।" रमिया चुप रही।

शिब्बू ने खीजकर कहा, "चुप क्यों है? ला नोट सम्हाल के रख दूँ।"

रमिया चीख पड़ी, "कुछ नहीं दिया उन्होंने। मार के भगा दिया।" शिब्बू एक झटके से उठ गया, "क्या? झूठ बोलती है? मुझसे रकम छुपाना चाहती है निकाल जल्दी।"

रमिया रो पड़ी, और शिब्बू से लिपटकर बोली, "सच कहती हूँ, रे, कुछ नही दिया...शिब्बू...और मारा मुझे।"

शिब्बू पर जैसे भूत सवार था। उसने झटके से रमिया को अलग किया, और चिल्लाया, "जरूर मिला होगा। तू अपने मरद से छुपाती है, धोखा करती है?... निकाल। वरना लटका दूँगा तुझे। कैसी औरत है तू?"

रमिया की आँखें पथरा आयीं। आँसू और रुलाई न जाने कहाँ लुप्त हो गये। वह शांत स्वर में एक-एक शब्द पर रुकती हुई बोली, "मैं औरत हूँ रे? वाह! अरे, मैं तो गटर हूँ।...गंदी नाली...। और तू? तू मेरा मरद बनता है? सुन...तू मरद नहीं...तू दलाल है मेरा और वो मंगलदास...वो दूसरा दलाल है मेरा...। मेरे बदन की कमाई तू अकेला खाता था। आज उस दूसरे दलाल ने हिस्सा मार दिया...तो तू क्यों कूद रहा है?...आज ही तो इतना मिला था, कि मंगलदास लेता।...और ले लिया उसने...। सब दिन...एक दिन उसका ही सही!"

शिब्बू पागलों की तरह उछला। एक कोने में रखी कुल्हाड़ी की तेज धार नीम-अँधेरे में चमक उठी। रमिया ने चीखते-चिल्लाते हुए कुएँ में कूदने की धमकी दी। वह गुस्से में थर-थर काँप रही थी। शिब्बू के हाथों में कुल्हाड़ी का फाल चमका, "काट डालूँगा तुझे!" रमिया नागिन की तरह पलटी, "चला कुल्हाड़ी...वाह रे मरद! दो ही तो बचे हैं...। एक शिब्बू...एक मंगलदास...। अरे, मैं खुद डूब मरती हूँ, जाने दे मुझे।" शिब्बू फिर चीखा, तथा उससे दुगने जोर से रमिया चिल्लाई। शोरगुल के चरम-उत्कर्ष में अचानक झोंपड़ी से आवाजें आना बंद हो गयीं। शिब्बू गला तर करने लगा। सुबह शिब्बू ने ही उसे जगाया, "रमिया, उठ काम पर नहीं जाना?"

रमिया जब सज-धजकर फूलदार प्रिंट की सस्ती-सी पारदर्शी 'लाइलोन' साड़ी में सँवरकर मंगलदास की कोठरी पर पहुँची, तो वह ताला बंद कर रहा था। रमिया को देखकर ठिठक गया, और मुस्कुराया, "जल्दी काम निपटा दे, मुझे जाना है।...हाँ, रात को शायद तेरे पच्चीस-तीस रुपये गिर गये थे। वहाँ रखे हैं...उठा लेना।"

मंगलदास तेज कदम बढ़ाता चल दिया। वह व्यस्त था। 'इंद्रपुरी' का काम काफी तेजी से चल रहा था, और अधबनी दीवारें, अब आदमी की ऊँचाई से भी ऊँची उठ आयी थीं।

काँच-घर

सुनीता कालबैल की आवाज सुनती बैठी रही।

मम्मी ने उसे अभी फिर डाँट दिया था। डाँटते-डाँटते वे चीखने लगी थीं। जो मन में आया, बकती रही थीं। वह चाहकर भी कुछ नहीं बोली थी। बोलकर आफत कौन मोल लेता? उसे मालूम था, कि अगर वह कुछ बोली, कुछ बहस की, तो वे गुस्से में काँपने लगेंगी। उनकी मुट्ठियाँ भिंच जाएँगी। हाथ-पाँव अकड़ने लगेंगे। दाँत पर दाँत जमाकर ओठों के कोर से फेन बहातीं, वे चक्कर खाकर गिर जाएँगी। हिस्टीरिया का दौरा...चीख-पुकार...कैफियत...मिजाजपुर्सी...नहीं-नहीं... एक अकेली चुप्पी, सारे झमेले से भली है!...मम्मी चीख-चिल्लाकर चुप हो गयीं। ज्वार-भाटे की आवृत्तिं की तरह यह दौर भी शांत हो गया। डैडी अपनी व्हील-चेयर पर हाथ फेरते, शून्य में ताकते रहे। मम्मी पाँव पटकती चली गयीं, और बैडरूम में जाकर औंधी पड़ गयीं। सुनीता ने किताब में सिर गड़ा लिया और काफी देर बाद उसे याद आया, कि पृष्ठ पलटना है।

...घंटी बज रही थी। बजने दो...उसने सोचा,...कौन होगा इस भरी दुपहरी में? ...आवाज पड़ने दो मम्मी के कानों में...भागी हुई आएँगी। सारा गुस्सा, खीझ, चिड़चिड़ाहट पानी होकर बह निकलेगा।

...वही होंगे दरवाजे पर—डाक्टर शिवम्। मम्मी के पाँव यंत्रवत् दरवाजे की ओर चल पड़ेंगे। डा॰ शिवम् घर का मुआयना-सा करते भीतर आएँगे। डैडी से महज औपचारिकतावश 'हैलो' कहेंगे।...पूछेंगे, "बेबी कहाँ है?"—और उत्तर की प्रतीक्षा किये बगैर, आगे बढ़ लेंगे...बरामदा...ड्राइंगरूम...और बैडरूम...! मम्मी हँसती खिलखिलाती उनके पीछे हो लेंगी। बैडरूम के दरवाजे पर लगा मोटा हरा परदा, सुनीता के दृष्टिपथ को वहीं रोक देगा। कुछ देर बाद खुसफुसाहट के आवरण में लिपटे शब्द बाहर छलकेंगे। वह बौखलाकर चहलकदमी करने लगेगी। अपना माथा दोनों हाथों से दबा लेगी। आखिर में क्लांत-सी होकर रिकार्ड-प्लेयर पर कोई शोर भरी धुन लगा देगी।...डैडी व्हील-चेयर के ब्रेकों पर उँगलियाँ कसे, प्रस्तर-मूर्ति बने बैठे रहेंगे।

...यही होता आया है इस घर में। आज की बात नहीं जब से उम्र के चढ़ाव के साथ-साथ उसने रिश्तों का अर्थ समझना प्रारंभ किया है...तब से। अब तो उसका

बचपना काफी पीछे छूट चुका है। सुनीता को चार-पाँच बरस की उमर से 'गुड-गर्ल' बनाया गया है। सारे मैनर्स, सारे अदब-कायदे उसे घुट्टी में घोलकर पिलाये गये हैं।... कुछ कहो मत...कुछ बोलो मत...जिद मत करो...बड़ों के बीच में चुप रहो...मम्मी को रिस्पेक्ट दो...डाक्टर अंकल को विश करो...यह ना करो...वह ना करो...अच्छी लड़की बनो...। सुनीता अभी भी नहीं भूली है, कि बचपन में एक बार डरावना सपना देखकर चीख पड़ी थी और 'माँ ऽऽ...माँ...' कहकर रोई थी। अंकल के साथ दूसरे कमरे में बैठी उसकी मम्मी डिस्टर्ब हो गयी थीं...और नींद में बड़बड़ाने की सजा उसे मिली थी। तब वह छोटी थी। नासमझ थी। अंकल को खूब-खूब प्यार करती थी। वे आते तो सुनीता उनके गले झूम जाती। मम्मी मुस्कुराती हुई देखती रहतीं। उसे धीरे से अलग करके कहतीं, "आओ बेबी...देखो तो डैडी क्या का रहे हैं?"

डैडी को उसने अपना होश सम्हालने से लेकर आज तक व्हील-चेयर पर बैठे, घिसटते देखा है। बचपन में यही व्हील-चेयर उसके लिए एक अजीब-सा खिलौना था। डैडी की गोद में बैठकर बरामदे में घूमना उसे अच्छा लगता था।...और एक खेल...जिसमें खीझकर वह कहती...हम नईं खेलते...आप हमारे पैर में चिकोटी काटते हो, तो दुखता है...हम आपके पाँव में चिकोटी काटते हैं...आपको कुछ नहीं होता...!...आप से कुट्टी...डाक्टर अंकल से दोस्ती...! डैडी का चेहरा रक्तिम हो उठता और वे आकाश की ओर ताकते, बैठे रहते।

तब से लेकर बड़ी होने तक सुनीता काफी बदल चुकी थी। घर के सारे सदस्यों के बीच इंच मात्र भी न खिसकने वाला एक अव्यक्त-सा फासला मौजूद है, यह समझ उसमें आ गयी थी। मम्मी का अपना जीवन था, जो डाक्टर अंकल के प्रभामंडल से आलोकित था। बरामदे में बैठे रहने वाले डैडी ने शून्याकाश में हमेशा ताकते रहकर, वहीं अपनी पहचान बना ली थी। सुनीता ने स्वयं रिकार्ड-प्लेयर के दमघोंटू तीव्र शोर में साँस लेने की आदत डाल ली थी। तहजीब, गंभीरता और अनुशासन को मुर्दे के कफन की तरह ओढ़कर चुप रहना, सुनीता सीख गयी थी। उसे मालूम था कि डैडी, मम्मी और उसके अलावा इस घर की चौथी और सबसे मजबूत दीवार थे—डाक्टर शिवम्।

अपने बचपन से सुनीता इस ऊँचे-पूरे, मजबूत, पत्थर के से निर्विकार चेहरे वाले व्यक्ति को देखती आयी है, जो सही अर्थों में सारे परिवार पर हावी था। उसके डैडी, मिस्टर रविशेखर, की दोस्ती का दम भरने वाला यह व्यक्ति जिसको डैडी से क्या लेना-देना था, वह समझती थी। आस-पड़ोस मुहल्ले में क्या कहा जाता है—इसकी चिंता किसे थी? डाक्टर शिवम् परिवार का मित्र, हितैषी, शुभचिंतक सब कुछ था। अच्छे-बुरे में परिवार का साथी...घर की हर बात का अंतिम निर्णायक ...डैडी की अपंगता में वही इस गृहस्थी का कर्ता-धर्ता था। पैंतालीस-पचास की वय में भी वह अविवाहित था। डाक्टर शिवम्—जिसका सारी यूनिवर्सिटी में डंका पिटता था। अपने अगाध ज्ञान, व्यक्तित्व और प्रभुत्व के बल पर। केम्पस के उसके बंगले

के बाहर भीड़ मची रहती थी—आशीर्वाद, गाइडेंस, वरद-हस्त, चरण-रज के कृपा-कांक्षी! मम्मी कभी-कभी भाव-विभोर होकर सुनीता से कहतीं, "जरा सोच तो लड़की...वे कितने महान हैं—और हम लोगों के कितने नजदीक हैं!"

...मम्मी को न जाने कैसे वशीकरण से बाँध लिया है डाक्टर शिवम् ने! सुनीता पहले भले नादान रही हो, मगर अब समझने लगी थी। कौन-सा ऐसा विषय था, जिसमें डाक्टर शिवम् का अधिकार न था? अध्यात्म से लेकर तंत्र-शास्त्र, साहित्य, दर्शन और ज्योतिष से पुरातत्व तक, हर विषय पर गुरुत्व रखने वाला यह व्यक्ति, उसकी मम्मी का आराध्य था। मम्मी उसकी भक्त थीं। विवाह, परिवार और घर-गिरस्ती के जंजाल से मुक्त था वह। सुनीता अपना होश सम्हालने से ही देखती आयी थी कि मम्मी को सामने बैठाकर वह घंटों किसी भी विषय पर धारा प्रवाह लेक्चर देता था। ज्ञान-विज्ञान, धर्म, राजनीति की व्याख्याएँ करता था। योग से लेकर तांत्रिक क्रियाओं तक की मुद्राएँ तक बतलाता था। मम्मी उसका एक-एक शब्द मुग्ध भाव से ग्रहण करती थीं। अधमिची आँखों से, उसे समर्पित भाव से ताकतीं, और सम्मोहित-सी बैठी रहतीं। उन्हें उस समय घर-परिवार, काम-काज या आने-जाने वाले किसी की फिकर नहीं होती। अक्सर अपने स्कूल और फिर कालेज से लौटती सुनीता ने मम्मी को इसी ध्यान-मुद्रा में मग्न देखा है; और पूरे घर के खुले दरवाजे देखकर, या हीटर पर चढ़ी लाल तपती पतीली देखकर, या भीतर के कमरे में कपड़े चबाती किसी आवारा गाय को देखकर, वह सिर ठोंककर रह गयी है। हाँ, डैडी जरूर किसी प्रस्तरमूर्ति की तरह बरामदे में अपनी व्हील-चेयर पर बैठे, रीती आँखों से बादलों की बनती-बिगड़ती आकृति को एकटक ताकते बैठे रहे हैं।

...सुनीता को इस आदमी से अथाह घृणा थी। उसकी इच्छा होती थी, कि इस वनमानुष से भरपूर शक्ति वाले ढोंगी, बेढंगी शक्ल वाले, पाखंडी आदमी को धक्के मारकर घर के बाहर निकाल दे। जब यह मोम का पुतला बना किसी अनादि-अनंत शक्ति से साक्षात्कार कर रहा हो, तो इसके बदन में पिन चुभा दे।...कितना फरेबी है यह...! निराकार ब्रह्म की व्याख्या करता है...उपनिषद से लेकर टेस्टामेंट तक के तत्त्व बघारता है...कुंडलिनी-जागरण, भैरवी-चक्र और वामाचार-क्रियाओं का प्रदर्शन करता है... और जिसका सारा अध्यात्म, दर्शन और पांडित्य, बैडरूम के हरे परदे के पीछे से पिघलकर, रहस्यपूर्ण खुसफुसाहटों तथा असंबद्ध शब्दों के लोथड़ों के साथ, बह निकलता है...?

सुनीता कोई नासमझ बच्ची नहीं रही थी। वह समझती थी, कि डाक्टर शिवम् अपने-आपको कितनी अभेद्य परतों में छुपाये था! सारे विद्व-जगत की मानी हुई हस्ती डा॰ शिवम्...विश्वविद्यालय का प्रभापुंज डा॰ शिवम्...घर-परिवार के बंधन से मुक्त, तत्त्वज्ञानी डा॰ शिवम्...मिस्टर रविशेखर जैसे अपंग आदमी से दोस्ती निभाता डा॰ शिवम्...मम्मी का आध्यात्मिक गुरु डा॰ शिवम्...और इन सबके केंद्र में मम्मी के बैडरूम के हरे पर्दे के पीछे छिपा...वह...वनमानुष!

सुनीता सिर्फ घुटकर रह जाती थी। और वह कर भी क्या सकती थी! इस घर की मोटी मजबूत दीवारें पारदर्शी होती चली जाएँ, तो क्या उपाय था उसके पास...? बिना आँखें मूँदने के...! वह सिर्फ महसूस कर सकती है, किसी से कुछ कह नहीं सकती। विजय से भी नहीं। जब पिछले साल तक विजय उसकी क्लास में पढ़ता था, तो घर के इस बोझिल बातावरण के परे विजय के साथ कुछ देर हँस-बोलकर वह घुटन से थोड़ी मुक्ति पा लेती थी। बचपन से विजय के साथ पढ़ी है वह। भले ही उनके परिवारों की स्थिति में जमीन-आसमान का फर्क था, मगर दोनों की पहचान के मध्य वह कोई बाधा नहीं बना। मम्मी को सिर्फ इतना दिखता था, कि सुनीता घर में आज्ञाकारी 'गुड-गर्ल' बनी रहे, इसके बाद उन्हें फुरसत कहाँ थी! ...पिछले बरस ही वह हादसा हुआ, जिसमें उसका विजय से अपनापन, एक फासले में बदल गया। विजय के पिता जो चुंगी दफ्तर में मुहर्रिर थे, पिछले साल इन्हीं दिनों एक दुर्घटना में चल बसे। चोरी के माल से लदा एक ट्रक बैरियर तोड़कर उन्हें कुचलता हुआ भाग गया, और उनके हाथ उठे के उठे रह गये। पिता की अरथी के साथ-साथ विजय अपने भविष्य के सपने फूँक आया। मैट्रिक परीक्षा के अपने मैरिट-स्थान के बल पर तारघर की ट्रेनिंग लेकर सी॰ टी॰ ओ॰ में लग गया। उसके और सुनीता के बीच दूरियाँ खिंचती गयीं। किसी विस्तृत आकाश में खुली हवा की आकांक्षा में छटपटाता उसका मन, फिर अपने मजबूत घरौंदे की कैद में लौट आया। विजय अब खुद उससे मिलने में कतराने लगा।

अब तक तो विजय था, जिससे बातें करके वह अपने आपको हल्का महसूस कर लेती थी। अपने घर का वातावरण उसे एक अजीब-सी लिजलिजी रहस्यमयता में लिपटा प्रतीत होता। उसका मन करता कि इस सारे दम-घोंटू जाल को तोड़कर वह कहीं भाग निकले। कहीं ऐसी जगह, जहाँ कोई नकली दोरंगी जिंदगी की झलक भी न दिखे। जहाँ ये ऊँची-ऊँची गूढ़ चर्चाएँ न हों। जहाँ डाक्टर शिवम् की बड़ी-बड़ी आध्यात्मिक चर्चाएँ, तत्त्वज्ञान की बातें, दृष्टांत और गुरुत्व की चाशनी में लिपटी लच्छेदार उक्तियाँ न हों।...जहाँ मम्मी का यह ढोंगभरा दिखावटी अनुशासन न हो। ...इस अभिमानी व्यक्ति के सामने समर्पित और सम्मोहित-सा मम्मी का चेहरा न हो।...जहाँ यह बैडरूम का हरा परदा न हो जिसके दो तरफ दो तरह के अभिनय वह देखती आयी है।...जहाँ अपना आधा धड़ जमीन पर घसीटते हमेशा आकाश को ताकते, उसके डैडी का संपूर्ण प्रतिक्रियाविहीन चेहरा न हो।...और ऐसी कोई जगह कम से कम इस चारदीवारी से घिरी हुई कैद में नहीं थी।

लड़कपन की उमर से विजय उससे कहता आया था, 'सुनीता...मैं तुमसे शादी करूँगा। हम यहाँ से बहुत दूर कहीं रहेंगे। तुम्हारे घर के लोग मान जाएँगे ना...?' ...घर के लोग...? सुनीता समझ नहीं पाती थी, कि 'घर' वह किसे कहे? इसका अस्तित्व क्या है?...क्या मम्मी और डैडी मिलकर ही उसका 'घर' है...? मगर उसे तो आज तक कभी ऐसा महसूस नहीं हुआ! मम्मी ने परिवार की सीमा के परे,

कितना लंबा रास्ता तय कर लिया है...डैडी अपनी ही जगह जड़ हैं! उसने कभी मम्मी या डैडी को आपस में लड़ते-झगड़ते नहीं देखा। न कोई तनाव...न विवाद... न झगड़ा, न कलह...! घर में कितनी शांति है...मरघट की तरह! उसकी मम्मी अपने पति का पूरा खयाल रखती हैं...साज-सम्हाल...सेवा...दवा...तिमारदारी...सब कुछ एक स्पंदनहीन, ठंडी कर्त्तव्यभावना से करती हैं...। डैडी के छोटे से अलग कमरे में उनके बिस्तर पर ही सब कुछ पहुँच जाता है। चाय-नाश्ता, नहलाना, खिलाना और सहारा देकर उनकी व्हील-चेहर पर बिठा देना...मम्मी की यह यंत्रवत् प्रक्रिया पूरी होती है।...मगर ऊपर से भावना-हीन शांत चेहरे के भीतर, मम्मी कितना बड़ा ज्वालामुखी छुपाये हैं!...अगर उनकी व्यवस्था के खिलाफ जरा भी कुछ हुआ...किसी ने भी चूँ-चपड़ की...सुनीता ही कोई प्रतिवाद कर बैठी...तो आने वाला तूफान नहीं रुक सकता...। मम्मी चीख-चिल्लाकर सिर पर आसमान उठा लेंगी। चरम उत्तेजना में यह भी भूल जाएँगी, कि वे क्या कह रही हैं...घर का सामान तोड़-फोड़ डालेंगी...क्राकरी...फूलदान...शो-पीस सबके किर्चे बिखर जाएँगे... पहने हुए कपड़े तक तार...तार हो जाएँगे अपना चेहरा तक लंबे नाखूनों से खरोंच डालेंगी...लाल रक्तिम रेखाओं के छोर से खून टपकने लगेगा...फिर मुट्ठियाँ भिंच जाएँगी...दाँतों की पंक्तियाँ एक-दूसरे पर जम जाएँगी...एक अजीब-सी ऐंठन से शरीर अकड़ता जाएगा...चेहरा विकृत हो जाएगा, और वे जहाँ की तहाँ गिर पड़ेंगी। फिर पूरे घर में निस्तब्धता-सी छा जाएगी। महरी...नौकरानी वगैरा घर में इधर-उधर दौड़-धूप करने लगेंगे। डैडी जल्दी-जल्दी अपनी कुर्सी के पहिये खिसकाते फोन के पास आएँगे...पहले डायल घूमेगा, डाक्टर के लिए और उसी के बाद उस—शिवम् के लिए।...यूनिवर्सिटी या उसका निजी बंगला जहाँ भी वह मिले...। सुनीता आहत-सी मम्मी के पास आएगी...सिर पर पानी थपथपाएगी...पैरों के तलवे में प्याज मलेगी...इस बीच यदि 'वह' आ गया तो सबके सामने मम्मी को गोद में उठाकर बैडरूम के हरे परदे के पीछे चला जाएगा। सुनीता का चेहरा लाल हो जाएगा...वह चुपचाप सिर झुकाये चिकने फर्श पर अँगूठा घिसती खड़ी रहेगी। डैडी धीरे से बरामदे की ओर खिसक लेंगे।...तब शुरू होगा, डा॰ शिवम् के उपदेशों का सिलसिला..."सुनीता...तुम मेच्योर हो रही हो!...हिस्टीयरिक-पेशेंट को एक्साइट न होने देना तुम्हारी जवाबदारी है... तुम लोग टेंशन क्रियेट करते ही क्यों हो...? अभी शीला को पूरा आराम मिलना चाहिए समझी...?"

'शीला...?' सुनीता का बस चले, तो इस आदमी का मुँह नोच ले...हमेशा न जाने किस अधिकार से मम्मी का नाम लेकर पुकार लेता है!...सुनीता ने तो यहाँ तक देखा था कि, वह डैडी के सामने उन्हें 'शीला' कह देता था और मम्मी मुस्कुराती रहती थीं। और उसकी माँ कहलाने वाली यह औरत, जिसने शायद कभी महसूस नहीं किया कि सुनीता अपना बचपन कब का पीछे छोड़कर उम्र की सीढ़ियाँ तेजी से फलाँगती जा रही थी। इसका अधिकार सिर्फ मम्मी तक ही सीमित न था।

सुनीता किस स्कूल में पढ़े...यह इसकी च्वाइस थी! सुनीता नाइंथ के बाद कौन से सब्जेक्ट्स ले...यह इसने तय किया था। सुनीता कालेज में क्या ऑफर करे...यह इसकी मरजी थी। वह अपनी कालेज-पार्टी के साथ टूर पर नहीं जा पायी...क्योंकि 'यह' नहीं चाहता था।...एक दिन शायद सुनीता को 'इसकी मर्जी के मुताबिक इ। घर से विदा किया जाएगा...! सुनीता का दिमाग भन्नाने लगता। उफ...इस कैदखा। से कहीं तो निजात हो...या यहीं तिल-तिल कर घुटते जाना है...? वह कभी अपनी पूरी आंतरिक शक्ति एकत्र करके भी एक शब्द न कह सकी। छोटी उम्र से ही अनुशासन का आतंक उस पर इस कदर हावी था, कि मम्मी के माथे की एक छोटी-सी शिकन भी उसे अपनी पीठ पर कोड़े की तरह महसूस होती थी। क्रोध के अतिरेक में कई बार उसने भले ही अपने ओंठ चबाकर लहूलुहान कर लिये हों... मगर घर के इस निस्तब्ध वातावरण में सुनीता के शब्द कभी ऊँची आवाज में नहीं गूँजे। ऐसे मौके पर वह सोचती, कि डैडी के पाँवों का लकवा तो प्रकृति का अभिशाप है, मगर उनकी जुबान कहाँ खो जाती है...? ये डैडी...ये मिस्टर रविशेखर...उसके पिता ही हैं क्या ?...यह मम्मी...मिसेज शीला...उसकी माँ हैं? फिर यह पत्थर से सख्त चेहरे वाला...वनमानुष-सा...यह डाक्टर शिवम्...इसकी इस घर में क्या औकात है...? और जहाँ मैं उन्नीस बरस से रह रही हूँ...क्या सचमुच यह एक 'घर' है...?

...और विजय उससे पूछता था..."तुम्हारे घर के लोग मान जाएँगे ना?..." वह कैसे बताए कि 'घर' नाम की किसी चीज का उसकी नजरों में क्या अर्थ था। विजय इतने वर्षों से उसके पड़ोस में था। चारदीवारी से घिरे उसके बंगले से थोड़ा-सा हटकर विजय का दो खोली वाला खपरैल मकान था। कितनी बार पूछा होगा उसने, "ये तुम्हारे घर हमेशा कार में जो प्रोफेसर साहब आते हैं...ये तुम्हारे रिश्तेदार हैं ना? खूब मानते हैं ना तुम लोगों को?"

उसके पास इस प्रश्न का क्या जवाब था...?

पचासों बार उसके मन में उमड़-उमड़ कर यह बात आयी कि वह उसे सब कुछ बता दे...। आखिर विजय से अंतरंगता की परिधि, उसके अंतर्मन को छू सकी थी। मगर वह पूरी ताकत से अपने-आपको रोक लेती। उसे लगता, हृदय की व्यथा उसके कंठ तक आते-आते कहीं अटक जाती है...विजय क्या सोचेगा उसके बारे में? उसके घर-परिवार के बारे में...? उसके घर की दीवारें भले पारदर्शी हो गयी थीं...भले काँच की इन दीवारों के आर-पार वह सब कुछ देख-सुनकर, महसूस करके, घुटती रहती हो...! मगर विजय लाख अपना सही...फिर भी पराया है...! मुहल्ले-पड़ोस की शंकाकुल निगाहें अपने आप चाहे जो कुछ पढ़ लें...मगर सुनीता अपने मुँह से कुछ नहीं कहेगी।...

अपने अंतर्मन की सारी उथल-पुथल को बलपूर्वक रोकते वह मुस्कुराकर कहती, "विजय, ये हमारे लिए सगे से भी ज्यादा हैं। डैडी के बहुत पुराने दोस्त हैं ना!...हमारे परिवार पर बड़े अहसान हैं, डाक्टर शिवम् के। बहुत बड़े विद्वान हैं...डैडी

की ऐसी हालत के बावजूद इन्होंने दोस्ती निभाई है, विजय! हमारी जमीन और मकानों संबंधी उलझनें, डैडी के न जाने कहाँ-कहाँ के शेयर्स और उलझन भरा सारा हिसाब-किताब, इनकी ही वजह से सम्हला हुआ है! मैंने होश-सम्हाले से परिवार पर इनकी छत्र-छाया महसूस की है! आज डाक्टर शिवम् का सहारा न होता तो..." वह आगे कुछ न बोल पाती। चाहकर भी नहीं। विजय ने एक बार पूछा था, "तुम्हारे इन अंकल की मिसेज...बच्चे वगैरा नहीं दिखते कभी?"

सुनीता बौखला गयी थी। अपने को सम्हालती बोली थी, "पता नहीं कैसा... क्या हुआ...शायद ज्यादा पढ़ते-लिखते रहने की सनक से हो...डाक्टर शिवम् ने विवाह ही नहीं किया...। न जाने कितने विषयों पर अधिकार है उनका...तंत्र-वंत्र ...योग...साधना...और भी क्या-क्या...छोड़ो विजय...और कोई टापिक नहीं है बात करने का?"

जब भी इस बारे में कोई बात निकलती, उसे महसूस होता कि भीतर ही भीतर कोई उसे चीरे दे रहा हो...एक असहनीय यंत्रणा और छटपटाहट जिसका लेशमात्र भी वह व्यक्त नहीं कर सकती थी। जिस व्यक्ति से वह इतनी घृणा करती थी, उसकी महिमा का बखान करना कितना पीड़ाजनक था! विजय के सामने वह उसकी योग और साधना बखान गयी...उसने अपनी आँखों से देखी है यह 'साधना'...

उस दिन वह कालेज से जल्दी लौट आयी थी।...ड्राइंग-रूम के चिकने फर्श पर मम्मी निश्चेष्ट पड़ी थीं, आँखें बंद किये। घुटनों के बल मम्मी के चेहरे के ऊपर झुका, वह रहस्यमय आवाज में खुसफुसा रहा था..."हाँ...शरीर को इसी तरह ढीला छोड़े रहिये...कोई स्पंदन तक न हो...अब कल्पना कीजिए...प्राण-तत्त्व आपसे विलग हो रहे हैं...अत्यंत धीरे-धीरे...आपका दायाँ पैर निर्जीव हो चुका है...जड़...अब बायाँ पैर...निचला धड़...पेट...छाती...दायाँ हाथ...अब बायाँ हाथ...गर्दन...सावधान...! प्राण-तत्त्व आपकी नासिका के रंध्रों से निकल चुके हैं...मस्तिष्क चेतना-शून्य है...प्राण रूपी सूक्ष्म तत्त्व आपसे परे इस जड़ शरीर को देख रहे हैं...शरीर अनुभूति-शून्य है...प्राण-हीन है...भ्रू-मध्य से परे एक सूक्ष्म चमकीला तारा है...! ...अब विपरीत प्रक्रिया...नासिका रंध्रों से प्राणों का प्रवेश...पुनः चेतना...हाँ अब अंग-संचालन कीजिए...!...'शवासन' की मुद्रा की वैज्ञानिक प्रक्रिया यही है..."

मम्मी ने मुस्कुराकर कहा, "मैं थोड़ी देर रेस्ट करना चाहती हूँ।"

वह हँसकर बोला, "चलो।" दोनों बैडरूम की ओर बढ़ गये।

सुनीता ने अपने कमरे से देखा कि बैडरूम का हरा परदा पेण्डुलम की तरह झूलता, धीरे-धीरे स्थिर हो रहा था।

वह रुआँसे स्वर में बुदबुदा उठी, "नीच...मक्कार...फरेबी...यह 'शव' का 'आसन'...और अब?...उफ़!..." वह अनचाहे ही दोनों को कौन-कौन सी 'मुद्रा' में देखती आयी है!...उसने इसे मम्मी को कामसूत्र की व्याख्या समझाते सुना है...'कुच' शब्द की व्युत्पत्ति बतलाते सुना है...दोनों को 'नायिका-भेद' पर बहस करते सुना

है...डी॰ एच॰ लारेंस की सेक्स-थ्योरी प्रतिपादित करते सुना है...। कुछ वर्षों पूर्व स्मृति-पटल पर छैनी-हथौड़े जैसे आघात से टँके वे शब्द धमाके की तरह अब भी गूँजते हैं..."बेबी की मेच्योरिटी शुरू हो गयी...? लड़कियों को बढ़ते कितनी देर लगती है...?"...आखिर किस अधिकार से इस कुत्ते ने कहा था, यह सब...?...क्या ये पशु हैं...? उन्नीस बरस की लड़की का अस्तित्व, घर के किसी खिड़की-दरवाजे की तरह बेजान है...? डैडी...क्या तुम साँस लेने के लिए जिंदा हो...?...तुम्हारी स्टील वाली अलमारी में लाइसेंस-शुदा रिवाल्वर क्या सिर्फ शो-पीस है...?...तुम्हारा खून मर गया है?...पाँव न सही, हाथ तो सलामत हैं...! इस गलीच, शर्मनाक जिंदगी से और कुछ नहीं, तो मझे ही छुटकारा मिल जाता...काश...!...ओह! कैसा मजबूत, चाक-चौबंद बख्तरबंद बंगला है यह! मोटे रंगीन काँचों से छनकर रोशनी की एक लकीर भी बिना इजाजत के नहीं आ सकती।...वह यहाँ से दूर कहीं बहुत दूर भाग जाए...क्या विजय उसे यहाँ से बहुत...बहुत दूर...किसी झोंपड़ी में ही सही...ले जाकर रख सकता है...?...वह तो प्रयास-पूर्वक अपनी जिंदगी के ये गलीच उन्नीस बरस अपने स्मृति-पटल से काटकर फेंक देगी...। क्या ऐसा होना संभव है...?

—नहीं।

पिता की मौत के बाद विजय कँटीले यथार्थ की जमीन पर उतर आया था। वह अपने ऊपर आश्रित परिवार जनों की बातें करता। अपनी दोनों शादी-योग्य छोटी बहनों की बात करता। छोटे भाइयों को पढ़ाने की बात करता। उस 'साइकिल-एडवांस' की बात करता, जो बस किराया बचाने की नीयत से, उसने काफी दिन पहले अप्लाई किया था। घर की पिछवाड़े वाली दीवार सुधरवाने की बात करता। सुनीता से उधार लिए पचास रुपये 'इस पहली' को लौटाने की बात करता। सुनीता कुछ भी बोलना भूलकर, सिर्फ चुपचाप सुनती बैठी रहती। एक दिन उसने बड़ी उम्मीद से सुनीता से कहा, "तुम जानती हो मेरी छोटी बहन फर्स्ट-ईयर में है! मैं उसका खर्च कैसे बरदाश्त करूँ? तुम किसी तरह अपने अंकल से कहकर उसकी फीस माफ नहीं करा सकतीं? उनका इतना प्रभाव है कि उनके एक इशारे पर यह काम हो जाएगा...कितनी बड़ी हस्ती हैं वो...अरे ये तुम्हारी आँख में आँसू?...लो...तुम तो रोने लगीं...मैंने ऐसा क्या कह दिया...? तुम्हें क्या हो गया सुनीता?"

सुनीता चुपचाप सिसकती रही।

विजय से उसकी दूरी बढ़ती जा रही थी। एक बार वह सुनीता से मिलने उसके बंगले पर आ गया। कोई अजूबी बात नहीं थी। बचपन से साथ खेलते बड़े हुए थे दोनों। जब वह कालिज में था, तो पढ़ाई के सिलसिले में कभी-कभी आता ही रहता था। मम्मी सामने ड्राइंग-रूम में स्वेटर बुन रही थीं। उन्होंने ही उसे बुलाया, "आओ विजय, बैठो। देख बेबी।...ये विजय बाबू हैं...कुछ ठंडा वगैरा पिलाओ भई...!"

इधर-उधर की कुछ बातों के बाद वह उठ खड़ा हुआ, "अच्छा सुनीता...! अच्छा माताजी प्रणाम..."

मम्मी हँसकर बोलीं, "जाओगे...? अच्छा...! आते रहा करो!...हमारे पुराने पड़ोसी थे, तुम्हारे पिता...बेचारे के साथ बुरा हुआ...! खैर!...तुम लोगों ने बहुत मुसीबतें उठाईं...! देखो भई....कोई जरूरत हो...कभी पैसों-धेलों की कोई समस्या आ जाए, तो...संकोच मत करना...तुम हमारी बेबी के क्लास-फेलो रहे हो...और पड़ोस में एक-दूसरे के काम आते ही हैं...!"

विजय तीर की तरह तेजी से निकल गया। सुनीता क्षोभ और अपमान में डूबी खड़ी रही। गरीब की इज्जत का आवरण कितना झीना होता है...रुपयों का चाबुक फटकार के, जब चाहे तब उसे विवस्त्र कर दो...! बेचारा विजय...चाहता है, सुनीता उसकी बहिन की फीस माफ कराने के लिए मम्मी के द्वारा डाक्टर शिवम् से सिफारिश कराये...और वह मक्कार...धूर्त आदमी, मम्मी के साथ मिलकर विजय का मजाक बनाएँ...किसी कीड़े-मकोड़े की तरह मसल दिये गये उस चुंगीमुंशी के प्रति सहानुभूति दिखाएँ...! और सुनीता का क्लास-फेलो रहे आने के कारण...महज इसी कारण से...दया और करुणा दिखाकर उस लड़की की फीस माफ करा दें...! क्या सुनीता कहेगी...? नहीं...। विजय चाहे जो सोच ले...वह किसी से कुछ नहीं कहेगी।

सुनीता सोचती, कि अगर ऐसा हो पाता...अगर वह इस बँगले की चारदीवारी को लात मारके विजय का हाथ थाम लेती...सिविलकोर्ट में अपने बालिग होने का प्रमाण-पत्र पेश कर देती...इस आडंबर, घुटन और दोरंगी घरौंदे की कैद से निकल भागती, और चीख-चीख कर कहती..."डैडी, अब आप शौक से आसमान ताकते रहिये...मम्मी...और तुम...तुम...इस गृहस्थी को नरक में डुबोने वाले पाखंडी...अब शौक से हरे परदे के पीछे रास रचाते रहो...मैंने अपना रास्ता ढूँढ़ लिया है...!"

...मगर ऐसा कभी नहीं हो पाएगा। सपनों और किताबों की दुनिया से बहुत दूर, विजय पथरीली जमीन पर खड़ा है, अपनी अंतहीन जवाबदारियों के शिकंजे में जकड़ा हुआ...! और वह खुद तो अपनी इच्छाओं और भावनाओं का गला घोंटना बचपन से सीखती आयी है...'ए गुड-गर्ल...'!

पहले ही मम्मी उसके विजय से मेल-जोल पर कौन कम व्यंग करती थीं। तब तो वह उसके साथ पढ़ता था! घुमा-फिराकर, क्या-क्या नहीं कहा था मम्मी ने! वैसे वे कभी भी चाहतीं तो अधिकारपूर्वक उसका विजय से मिलना बंद कर सकती थीं। मगर न जाने क्यों उन्हें अपनी बेटी को अपमानित करने में, नीचा दिखाने में, मानसिक यंत्रणा देने में मजा आता था! स्वयं इस उमर में एक ढोंगी बड़ी-बड़ी बातें बघारते, और कोई दूसरा ही नाटक करते, उन्हें खुद कभी कुछ महसूस नहीं होता?...इस खूबसूरती से सजे यंत्रणागृह में तिलमिलाते रहने की सजा क्या सिर्फ उसी के लिए तजबीज की गयी है?...सुनीता कभी-कभी सोचती, कि विजय से उसकी जान-पहचान का तीखा मजाक उड़ाकर मम्मी शायद अपना अपराध-बोध उस पर आरोपित करके, तुष्टि पा लेती हैं...!

सुनीता मम्मी की उपेक्षा करने लगी थी। न जाने क्यों ढीठ होती जा रही थी। मम्मी कुछ भी कहतीं, तो वह मुँह बिचकाकर अनसुनी कर देती। एक-दो बार तो यहाँ तक हुआ, कि मम्मी चीखती-चिल्लाती रहीं, उनकी मुट्ठियाँ भिंचने लगीं...दाँत किटकिटाने लगे...हमेशा की तरह दौरे के लक्षण दिखने लगे...और सुनीता उन्हें उसी हालत में छोड़कर बाहर निकल दी...मुड़कर बरामदे में बैठे डैडी से तीखे स्वर में बोली, "डैडी...अब टाइम हो गया है...'उन्हें फोन कर दीजिए...मम्मी के तलबे घिसने और प्याज सुँघाने के लिए चले आएँगे...।" सुनीता बिना रुके चली गयी।

मम्मी विजय को लेकर उससे कहतीं, "वह लड़का अब क्यों मिलता है तुझसे? अब तो तेरा क्लासमेट भी नहीं। ऐसे ऐरे-गैरे से मेल-जोल क्यों रखती है?" वह पलटकर कह देती, "चीख-चीख कर गला खराब मत कीजिए। आपकी सेहत पर बुरा असर पड़ता है। कहें तो एक छड़ी ला दूँ, मुझे मारने के लिए...या अपने डाक्टर साहब से पिटवा दिया करें मुझे!..." मम्मी पागलों की तरह ताकती रहतीं।

एक दिन डाक्टर शिवम् और उसकी मम्मी हँस-हँस कर बातें कर रहे थे। मम्मी स्वेटर बुनती जा रही थीं, उनके लिए। सुनीता वहीं एक किताब में सिर गड़ाए बैठी थी।

मम्मी ने अचानक चौंककर पूछा, "बेबी, आज कालेज नहीं जाना?"

"नहीं।" वह बोली।

"दोपहर में सोओगी क्या?"

"नहीं।"

"अच्छा, मैटिनी-शो देख आओ। अल्पना में अच्छी पिक्चर लगी है।"

"नहीं।"

हारकर मम्मी बोलीं, "अच्छा तो अपने अंकल की बातें ध्यान से सुनो...ऐसी ऊँची-ऊँची ज्ञान की बातें और कहाँ मिलेंगी तुझे?...अरे, तेरे कालेज के लेक्चरर-प्रोफेसर तक शिवम् अंकल के पास आकर सीखते हैं।"

डाक्टर शिवम् ने हँसकर कहा, "ये 'मसाइले...तसव्वुर' तो अपने जैसी उम्र वालों के मगज मारने के लिए हैं...जाओ बेबी खेलो!"

सुनीता कुढ़ गयी—ये लोग कब तक मुझे 'बेबी' समझते रहेंगे?...भले ये अपनी उम्र का प्रवाह रोके बैठे रहें...मगर मैं कब तक 'बेबी' बनी रहूँ?

वह बोली, "देखो ना मम्मी...घर के पर्दे गंदे हो रहे हैं...सब धुलने के लिए निकाल देती हूँ मैं...कितना गंदा दिख रहा है...वो बैडरूम वाला हरा परदा...?"

शिवम् खिलखिलाकर हँस पड़े, "आजकल यह न जाने कैसी हो गयी है!...हमेशा एबनार्मल-सी रहती है...सब-कांशस और चेतना का द्वंद्व..."

सुनीता ने बात काट दी, "...हाँ, हाँ...जल्दी मुझे किसी साइकियाट्रिक को दिखाइए...मम्मी...मेंटल-हास्पिटल कैसा रहेगा...?...अपने घर से तो कुछ अलग वातावरण होगा वहाँ...? ना...ना...आप शांत ही रहना मम्मी...दौरा न पड़ जाए!... मैं जा रही हूँ पिक्चर देखने...टा...टा...!"

बाँध में एक दरार-सी पड़ गयी थी। हमेशा चुप रहने वाली सुनीता, पलटकर खासा जवाब देने लगी थी। वह कालेज के अलावा और कहीं नहीं आती-जाती। विजय से अब उसका मिलना-जुलना न के बराबर रह गया था। विजय खुद भी अब अपनी समस्याओं, अपनी नौकरी, और अपनी चिंताओं में डूबा रहता। कभी-कभार दिखता, तो अपने घर के चर्चे छेड़ देता। सुनीता से कहता, "तुमसा, मेरा भाग्य कहाँ...? मैं पढ़ नहीं पाया...मगर यदि तुम किसी कंपटीशन में निकल गयीं, तो मुझे बहुत खुशी होगी...और क्या कहूँ! तुम्हारे पास तो इतनी मानी हुई हस्ती की गाइडेन्स है...।"

सुनीता कुछ नहीं कहती।

उस दिन डाक्टर शिवम् घर पर ही थे। विजय का छोटा भाई एक लिफाफा लेकर आया, और सुनीता के हाथों में थमाकर, उसके रोकते-रोकते भाग गया। सुनीता ड्राइंगरूम से उठकर जाने लगी।

तभी मम्मी ने रोक दिया, "क्यों बेबी...यह कौन था?...पड़ोस का छोकरा है ना?...यह तेरे हाथ में क्या दे गया है?"

सुनीता जाते-जाते बोली, "कुछ नहीं है मम्मी।"

मम्मी ने तेजी से उठकर उसकी बाँह पकड़ ली, "कुछ कैसे नहीं...तुझे बताना ही पड़ेगा...ला, इधर बता।"

सुनीता अनसुनी करके वह छिपाने लगी, मगर मम्मी ने बलपूर्वक उसका हाथ खींचकर वह लिफाफा छुड़ा लिया। वह खड़ी-खड़ी हाँफती रही। गुस्से से उसका चेहरा लाल हो गया था।

वह एक खाकी, छोटा-सा लिफाफा था। ऊपर कहीं कुछ नहीं लिखा था। मम्मी ने उसे फाड़कर देखा। भीतर एक पचास रुपये का नोट था, और छोटी-सी चिट्ठी। मम्मी और डाक्टर शिवम् दोनों नोट देखकर चौंक गये।

शिवम् ने व्यग्रता से कहा, "वह चिट्ठी पढ़ो तो जरा।"

मम्मी जोर-जोर से पढ़ने लगीं। लिखा था—

'सुनीता,

आज पे मिली है। मैं तुम्हारे पचास रुपये लौटा रहा हूँ।

—विजय'

मम्मी तीव्र स्वर में बोलीं, "यह क्या है सुनीता?"

सुनीता शांत थी, "कुछ नहीं मम्मी। विजय ने पचास रुपये उधार लिये थे। उसका छोटा भाई लौटाने आया था।"

मम्मी चीख पड़ीं, "तू कौन होती है रुपये देने वाली?...तो यह चलता है, तुम लोगों में...! मैंने उस लड़के से मिलने-जुलने को मना किया था ना...? ऐसे आवारा, शोहदे आदमियों से टर्म्स रखेगी...हमारी नाक कटाएगी...? उसकी औकात क्या है? न जाने क्या घपला है...बेबी, तुझे इस घर की इज्जत का खयाल है या नहीं?"

सुनीता के मन में बवंडर उठ रहा था। आवेग के साथ सैकड़ों बातें उसके ओंठों तक आकर रुकती जा रही थीं। आज तक हमेशा चुप रहने वाली, वह आज भी पूरी शक्ति से अपने आपको रोक रही थी। ये लोग उसे जलील करने पर तुले थे। डा॰ शिवम् ने पूछा, "यह विजय है कौन?...वही तो नहीं, जो तुम्हारे साथ पढ़ता था ...शायद वही...जिसका बाप एक्सीडेंट में मर गया...! क्या...कुछ मुंशी-बुंशी था, कारपोरेशन में...!"

मम्मी ने उत्तर दिया, "हाँ वही! तार-बाबू हो गया है छोकरा। हमारी बिटिया से इश्क फरमाता है।"

"मम्मी ऽऽ..." सुनीता रो पड़ी।

शिवम् ने जोर का ठहाका लगाया, "शाबाश!...गुड-प्रोग्रेस...तो बेबी...यह मामला है! लड़के की अक्ल की दाद देनी पड़ेगी! मिस्टर रविशेखर, लाखों की जायदाद के मालिक हैं...शरीर से लाचार...एक इकलौती लड़की...फाँस लिया, तो मुंशी की सात पीढ़ियाँ तर जाएँगी! वाह!...क्यों सुनीता, चिट्ठी का और भी तो कोई अंदरूनी अर्थ होगा! भई, वो तार-बाबू है...शायद कोड-वर्ड्स में और कुछ लिखा हो!"

सुनीता का दिमाग चकरा रहा था। वह "मम्मी ऽऽ..."—के अलावा और कुछ न बोल पायी।

शिवम् ने उसी स्वर में कहा, "बेबी...उसका चक्कर एकदम छोड़ दो... 'टीन-एज' की भावनाओं में घर की रेपुटेशन से मत खेलो! उससे हम निपट लेंगे। साफ-साफ बता दो, बात कहाँ तक बढ़ गयी है।"

सुनीता चीख पड़ी, "यू शट-अप...मिस्टर शिवम्!"

'तड़ाक्'...मम्मी का जोरदार चाँटा उसके गाल पर पड़ा, "बदतमीज...डाक्टर-अंकल से इस तरह बोला जाता है? चल माफी माँग...उस शोहदे की तरफदारी करके तू कितने महान व्यक्ति का अपमान कर रही है!"

अब कोई शक्ति बाँध को टूटने से नहीं बचा सकती थी। सुनीता पागलों की तरह चीखी, "हाँ...और मार लो मुझे...अब मैं चुप नहीं रहूँगी।...यह आदमी कौन होता है, मुझ पर लांछन लगाने वाला...? इसकी क्या हैसियत है, हमारे घर में...? गरीब घर के उस सीधे-सादे लड़के पर कीचड़ उछालने से पहले यह अपने गिरेबान में तो झाँक ले...यह ढोंगी...पाखंडी...कमीना आदमी...मुझ पर आरोप लगाता है? इसने इस घर को नरक बना दिया है...मैं जिंदगी-भर बच्ची नहीं रह सकती, समझे..! यह जो अध्यात्म, धर्म और तत्त्व ज्ञान की बातें बघारता है...परिवार का अनचाहा संरक्षक बना बैठा है...मैं इसका भीतरी मुखौटा जानती हूँ...। बचपन से डैडी को बरामदे में आसमान ताकते देखती आयी हूँ...और तुम दोनों जलील इंसानों को, बैडरूम के पीछे रासलीला मचाते देखती आयी हूँ...! इस लड़की का कोई अस्तित्व है भी तुम्हारे लिए...? इस बहरुपिये का मुखौटा नोचकर इसे धक्के मारकर घर के

बाहर भगा देना चाहिए...! यह दोस्त बनता है डैडी का?...मम्मी, तुम मुझे भले मार डालो...मगर इतने बरसों से छुपी सचाई पर कौन-सा परदा डालोगी...बैडरूम का हरा-परदा...?...इस आदमी के शरीर में कीड़े पड़ें, तो भी कम है...! यह कपटी... पाखंडी...पैरासाइट!...तुम्हारे बैडरूम का पिस्सू...यह...यह..."

सुनीता की साँस बुरी तरह भर आयी थी।

कमरे में ऐसी शांति थी, कि सूई भी गिरे तो पता चल जाए। सुनीता हिचकियाँ भरती आँसू पोंछ रही थी। शिवम् का चेहरा पूर्णतः निर्विकार, पत्थर की तरह शांत था। मम्मी लंबी-लंबी साँसें भर रही थीं।

सुनीता हिचकियाँ भरती बोली, "मम्मी...मारिये ना...मुझे मार-मारकर खाल खींच लीजिए...आज तो आपको हिस्टीरिया का दौरा पड़ भी जाए, तो तलवे घिसने के लिए ये...आपका 'डाक्टर' मौजूद है।"

मम्मी बुत बनी खड़ी रहीं। कुछ क्षणों के बाद बोलीं, तो जैसे उनकी आवाज किसी गहरे कुएँ से आ रही थी। एकदम बदली हुई...अप्रत्याशित रूप से शांत "...कह चुकी ना? कर लिया अपना मन हल्का...? और तो कुछ नहीं बचा कहने को?...तूने अपनी माँ और शिवम् साहब के चरित्र की धज्जियाँ बिखेर दीं...! हम दोनों पापी हैं?...ठीक।...मैं एक अपाहिज के साथ बँधकर अपंग जिंदगी गुजार देती...। शिवम् जैसा असाधारण व्यक्ति, आजीवन अविवाहित रहकर इस परिवार के दलदल में फँसने के बजाय अपनी गृहस्थी रचाकर सुख से रहता...तब पुण्य होता...! मगर सभी कुछ तो गलत हुआ! सुन लड़की...यह जो आदमी खड़ा है...जिससे तू अथाह घृणा करती है ना?...जो ढोंगी...पापी...नीच और घृणित इंसान है...तू अभी जिस पर थूकना चाहती थी...है ना"

मम्मी की आवाज तीव्रतर होती जा रही थी। ठीक वैसी ही जैसा अक्सर दौरा पड़ने पर होती थी। आवेश के अतिरेक में वे चीखने लगी थीं, "...तू इस पर लांछन लगाती है...तू अपने आपको बड़ी चरित्रवान, पुण्यात्मा समझती है...! हम लोग पाप-पंक में धँसे हैं ना...? क्या समझती है, अपने आपको...? तू 'उस'...क्या उस अपाहिज की औलाद है, जो ठीक से खड़ा भी नहीं हो पाता...? जिसकी जिंदगी व्हील-चेयर पर कट रही है...? सुनीता...जितनी घृणा तेरे अंतर्मन में है, सब उँड़ेल दे डाक्टर शिवम् पर...! यही ढोंगी...फरेबी...जलील आदमी...यही तेरा...सुन सकेगी...?...यही पाखंडी आदमी...तेरा..."

"मम्मी ऽऽ..." सुनीता ने बुरी तरह बिलखती हुई, दौड़कर अपना हाथ मम्मी के मुँह पर रख दिया, "मम्मी...प्लीज...आपके पाँव पड़ती हूँ...अब आगे एक शब्द भी मत कहना...प्लीज!"

मम्मी का पूरा शरीर लहरा रहा था। दाँतों की पंक्तियाँ भिंच गयी थीं। उन्हें कुछ होश नहीं था। डाक्टर शिवम् दौड़े, "अरे...ये अटैक के सिमटम्स हैं।" उन्होंने सुनीता को खींचकर अलग किया, और मम्मी को सम्हाल लिया।

सुनीता बुरी तरह रोती-बिलखती, दौड़कर बरामदे में डैडी के पाँवों से लिपट गयी, "डैडी...आपने कुछ सुना?...डैडी...आप इसी दुनिया में हैं ना...?...उफ्...आप महान हैं...आप देवता हैं...काश...आप देवता से एक स्तर नीचे ही होते!"

डैडी की आँखें सूखी थीं। वे चुपचाप क्षितिज की ओर ताकते बैठे थे।

× × ×

सुनीता पागलों की तरह वापस मुड़ी। मम्मी को, शिवम् बैडरूम में ले जा चुके थे। भीतर से गंभीर, शांत आवाज आ रही थी... "जीवन के अनेक रंग है, परंतु यह सारा इंद्रधनुष एक ही शाश्वत् श्वेत किरण से बिखरा है...। ये तो जीवन के विभिन्न पक्ष है–सत् या असत् की कल्पना तो हमारी अपनी है...!...शेली यही कहता है,

"–लाइफ लाइक ए डोम्ब आव् मैनी कलर्ड ग्लास, स्टेन्स् दि व्हाइट रेडिऐन्स आव् एटरनिटी।"

...उफ्...पाप-पंक से उभरता शब्द-जाल...सुनीता तिलमिला उठी। एक-एक शब्द उसके कानों में पिघले सीसे की तरह पड़ रहा था। वह ड्राइंग-रूम की दीवार से सटकर बैठ गयी। अचानक उसने पूरी ताकत से अपना सिर दीवार पर दे मारा....एक बार...दो बार...तीन बार:..! ठोस कांक्रीट की यह दीवार...उसे लगा... पारदर्शी होती जा रही है...काँच की तरह...पूरा मकान काँच का हो गया है...वह... मम्मी...डैडी और शिवम् सब आवरण-मुक्त हो गये हैं...विवस्त्र...अपनी आदिम अवस्था में...! सारी परिचित निगाहें...आसपास के सब लोग...सैकड़ों निगाहें...उन्हें घूर-घूर कर देख रहें हैं...! एक आकृति स्पष्ट होती है...शायद विजय...नहीं-नहीं... विजय तुम आँखें फेर लो...इधर कभी मत देखना...कभी नहीं...भूल जाओ, कि मेरा अस्तित्व है भी...यह खूबसूरत यंत्रणा-गृह ही मेरी नियति है...!

सुनीता बुदबुदा रही थी, "शाश्वतता की इस किरण को आकर बिखेंरने के लिए हमारा ही काँच-घर मिला...?" उसने फिर दीवार पर अपना सिर दे मारा।

अचानक सब कुछ धुँधलाने लगा। दीवार पर लाल रंग के रेले बह रहे थे...। एक स्याह चादर सबको ढँकती जा रही थी...फिर सब कुछ घने अँधेरे में डूब गया।

●●●